資産を遺す

信託活用ハンドブック

～あなたのお金の新しい遺し方～

武智総合法律事務所
弁護士
清水 将博

ビジネス教育出版社

はじめに

　あなたは、**あなたの資産の活用方法**として、「**信託**」を考えたことがありますか。

　信託法は、旧法が大正11年に制定されて以来、長きにわたって大きな改正がされることはありませんでしたが、平成17年に新しい信託法が制定され、資産活用の場面において、より**柔軟**で、かつ、**容易**に信託を活用することができるようになりました。

　以前は、証券化や流動化取引等、どちらかというと限られた商圏のなかで活用されていたにとどまる信託が、最近では、「**民事信託**」、「**遺言信託**」、「**投資信託**」など、「**信託**」を含む様々な用語がテレビなどのマスメディアにも登場し、資産運用に敏感な方々にとっては、「**信託**」というものが身近なものとなりつつあります。

　しかしながら、信託銀行の職員は別として、金融機関の職員であっても、実際に、お客さまから、「**民事信託でどのようなことができるの？**」、「**自分になにかメリットがあるの？**」と質問をされた場合に、パッと、具体的に、わかりやすく、その内容を説明することができる方はそう多くはないのではないかと思われます。

　そこで、本書においては、資産活用のために「信託」を検討している方にとって**新しい資産の遺し方として信託制度を提案する**とともに、金融機関の職員の方々が、お客さまに対し、**コンサルティング業務の一環**として、信託を活用した様々な商品を提供することができるよう、細かい法律用語にとらわれることなく、できる限りわかりやすい言葉を使用し、**信託の基本的な概念を説明する**とともに、**信託を活用した７つのスキームを紹介**しました。

信託を活用したスキームは、日々様々なところで検討され、新たな商品が開発され、新たなスキームが構築されています。

　本書を手に取ったみなさまが、信託制度の活用にあたって苦手意識をもたず、積極的に、お客さまに対して、信託を使った商品のプレゼンができ、よりよい相談者になれることを願っています。

武智総合法律事務所

弁護士　**清水　将博**

もくじ

第 **1** 章 信託とは

① 信託の基本的な仕組み ……………………………… 2
- 1 登場人物について　2
- 2 信託の類型について　4

② 信託の設定行為 ……………………………………… 6
- 1 信託行為の類型　6
- 2 信託の設定方法　6

③ 信託財産 ……………………………………………… 10
- 1 信託財産　10
- 2 信託の対象となる「財産」の範囲　12
- 3 信託財産の独立性　14
- 4 信託財産から生じた利益の帰属　14

④ 受託者の責任 ………………………………………… 15
- 1 受託者の注意義務　15
- 2 分別管理義務　16
- 3 帳簿作成義務　17
- 4 その他の義務や権利　17

⑤ 受益者の権利義務 …………………………………… 19
- 1 受益権の取得　19
- 2 受益権の放棄　19
- 3 受益権の譲渡　20
- 4 信託管理人等　20

⑥ 委託者の権利義務 …………………………………… 22
- 1 委託者の権利　22
- 2 委託者の地位の移転・委託者の相続人の権利義務　24

⑦ 信託の終了 ……………………………………………………25

1 信託の終了　25
2 信託の清算　27

⑧ 信託の変更等 ……………………………………………………29

1 信託の変更　29
2 信託の併合・分割　32

⑨ 信託の独自的機能 ……………………………………………34

1 信託の有する「転換機能」　34
2 具体的な転換の事例　35

第 2 章　資産運用における信託の活用とは

① 信託の現状 ……………………………………………………38

② 金銭の信託 ……………………………………………………41

1 信託財産の運用方法による分類　41
2 信託財産の管理方法による分類　43
3 信託財産の給付方法による分類　43
4 合同運用指定金銭信託　44

③ 証券投資信託 …………………………………………………45

1 契約型投資信託の概要　45
2 証券投資信託を組成する際の留意点　47
3 証券投資信託の種類　48

④ 投資法人（会社型投資信託）………………………………53

1 投資法人（会社型投資信託）制度の登場　53
2 投資法人の仕組み　53
3 投資法人の資産の運用　53
4 不動産投資信託（REIT）　54
5 インフラ投資信託　55

⑤ 遺言信託（遺言書の作成、保管等）································56

1 遺言信託の概要　56
2 遺言の執行に関する業務　56
3 遺産の整理に関する業務の留意点　58
4 金融機関にとっての相続関係業務の重要性　59

第 3 章　信託活用例（ケース別）

ケース① 障がいのある子どものための信託················62

1 成年後見制度　62
2 信託の活用　65

ケース② 将来における教育資金を確保するための自己信託······70

1 祖父母等から教育資金の一括贈与を受けた場合の贈与税の
非課税制度　70
2 暦年贈与信託　71
3 自己信託の活用　72

ケース③ 不動産についての信託 ～相続税対策～·············75

1 不動産を使った相続税対策　75
2 信託の活用　76

ケース④ 事業承継としての信託 ～後継者対策～·············80

1 事業譲渡を行う場合の注意点（事業承継のタイミング）　80
2 信託以外の方法による後継者の育成方法（拒否権付種類株式）　81
3 信託の活用　82

ケース⑤ ペットのための信託 ～ペット飼育金の保全～·········85

1 目的信託を利用できるか　86
2 検討される信託活用スキーム　87

ケース⑥ 商店街の再生のための信託 ～シャッター通りの復活～···90

1 「地方再生戦略」が示した基本原則　90
2 商店街全体の再生　91
3 信託の活用　92

ケース⑦ 地域インフラを整備するための信託社債⋯⋯⋯⋯⋯⋯⋯94

1 多くの投資家から投資を募る方法　94
2 信託社債とは　96
3 信託社債のメリット　97
4 信託の活用　97

第 1 章

信託とは

1 信託の基本的な仕組み
2 信託の設定行為
3 信託財産
4 受託者の責任
5 受益者の権利義務
6 委託者の権利義務
7 信託の終了
8 信託の変更等
9 信託の独自的機能

1 信託の基本的な仕組み

> **Point**
> □ 信託という仕組みにおいては、「委託者」、「受託者」、「受益者」という三当事者が登場します。
> □ 信託の類型としては、大別すると、「他益信託」「自益信託」「自己信託（信託宣言）」などがあります。

解 説

1 登場人物について

　金融機関における取引は、たとえば、預金取引の場合には、預金者と銀行の二当事者間の取引となるように、多くの場合、二当事者間での取引となります。

〔預金取引〕

　しかしながら、信託という仕組みにおいては、三当事者間の取引を前提としており、具体的には、「**委託者**」、「**受託者**」、「**受益者**」が登場します。

〔信託の仕組み〕

（1）委託者

　信託をする主体を「委託者」といいます（信託法2条4項）。委託者は、信託によって実現しようとする目的（**信託目的**）のために、自らの財産（**信託財産**）を受託者に預けることにより、信託を行うことになります。

〔信託財産の例〕

(2) 受託者

　信託行為の定めに従い、信託財産に属する財産の管理又は処分及びその他の信託の目的の達成のために必要な行為をすべき義務を負う者を「受託者」といいます（信託法2条5項）。受託者は、委託者が定めた方針（信託目的）に従って、預かった財産の管理又は処分などを行います。

　このように、受託者は、他人の財産を預かり、受益者の利益のために、預かった財産の管理又は処分を行うことが求められていますので、受託者には、**善管注意義務**や**忠実義務**、**分別管理義務**などの多くの義務が課されています（詳しくは1章4節で説明します）。

〔信託行為〕

(3) 受益者

　受益権を有する者を「受益者」といいます（信託法2条6項）。受益権とは、**受託者から信託財産に係る給付を受ける権利**をいい（信託法2条7項）、かかる権利を有する者が受益者となります。

　信託は、この受益者に利益を与えることを目的として設定されます。そのため、受益者は、自らの利益を守るために、受託者を監視、監督する役割も担っています。

2　信託の類型について

　以上のとおり、信託には三当事者が登場しますが、信託の類型（仕組み）としては、大別すると、「**他益信託**」、「**自益信託**」、「**自己信託**（信託宣言）」などがあります。

（1）他益信託

　他益信託とは、「委託者」、「受託者」、「受益者」がすべて別人格である場合をいいます。

〔他益信託〕

例　後見制度における支援信託

（2）自益信託

　自益信託とは、「委託者」と「受益者」が同一人物である場合をいいます（「委託者」＝「受益者」）。

〔自益信託〕

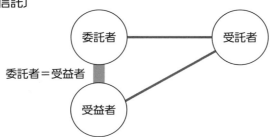

例　土地・建物の信託

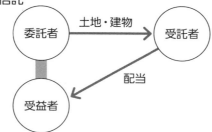

(3) 自己信託（信託宣言）

自己信託（信託宣言）とは、「委託者」と「受託者」が同一人物である場合をいいます（「委託者」＝「受託者」）。

〔自己信託（信託宣言）〕

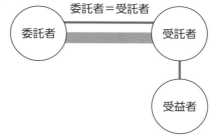

(4) 例外

以上のとおり、信託においては、ある当事者が委託者と受益者を兼ねたりすることが許容されていますが、ある当事者が、「委託者」、「受託者」、「受益者」のすべてを兼ねることも許容されています。

もっとも、**受託者と受益者を同一人物が兼ねることは1年間という期間の制限があります**ので、注意が必要です。

〔信託類型の例外〕

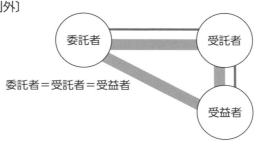

2 信託の設定行為

Point

□ 信託の設定方法としては、①信託契約による場合、②遺言による場合、③信託宣言による場合（自己信託）の３つが規定されています。

解　説

1 信託行為の類型

　信託を設定するための法律行為を信託行為といいます（信託法２条２項）。この信託行為には、①**信託契約**による場合、②**遺言**による場合、③**自己信託**による場合（信託宣言）の３種類があります。

　「信託行為」という用語は頻出ですので、覚えておきましょう。

〔信託行為の類型〕

```
┌───────── 信託行為 ─────────┐
│                                        │
│   ①信託契約　②遺言　③信託宣言       │
│                                        │
└────────────────────────┘
```

2 信託の設定方法

（1）信託契約による場合

　最も典型的な信託の設定方法が、信託契約を締結する方法です（信託法３条１号）。

（ⅰ）契約の成立

　信託契約は、口頭でも、書面でも、いずれの方法でも成立しますので、その要式は問いません。ただ、**事後のトラブルを避けるためには、信託契約書を作成すること**がよいでしょう。

（ⅱ）契約の効力発生時期

　なお、信託契約による場合については、信託の効力の発生時期が問題となります。

　すなわち、信託契約に基づく、委託者から受託者への信託譲渡及びその手続は、信託契約の締結時においてそのすべてを完了するとは限られず、信託契約の締結後に信託譲渡、財産の引渡し、登記等の公示手続等が行われることは少なくありません。このような場合における**信託譲渡の効力の発生時期については、当事者の意思表示により決定することになりますので**（民法176条）、**信託契約を締結する段階で、明確にしておくようにしましょう。**

　たとえば、信託契約の締結日に不動産についての信託登記を行うことができない場合には、以下のような規定を設けることが考えられます。

―――― 例　契約の効力発生時期

> 「委託者及び受託者は、本信託契約の締結日から●日以内に、不動産についての信託登記を行うものとし、信託登記を行った日に本信託契約の効力が発生するものとする。」

　なお、契約の効力発生時期とは直接関係しませんが、信託契約においては、信託の目的を記載することが多く、この信託目的を具体的に記載することも重要です。信託の目的としては、信託を通じて達成したいこと（目的）を記載することは多いですが、それだけではなく、**①契約の締結に至る経緯**や**②当事者が契約の締結に至った動機や意図**なども記載するとよりよいでしょう。

（2）遺言による場合

（ⅰ）成立と効力発生時期

　遺言による信託は、**委託者の単独行為により成立**します（信託法3条2号）。そして、その効力は、遺言の効力が発生した時にその効力が生じます（信託法4条2項）。

（ⅱ）民法の規定の類推適用

　遺言による信託については、一般に、遺留分に関する規定をはじめとして遺贈に関する民法の規定が類推適用されると解されています。そのため、遺言による信託の場合でも、通常の遺言の場合と同様に、信託契約にどのように規定を設けたとしても、相続人より遺留分の請求を受けた場合には、民法の規定に基づいて対応することが必要となります。

　信託契約書を作成するにあたっては、遺留分を主張できる相続人がいるのかをあらかじめ確認するとともに、いる場合にはその点を考慮した信託契約書を作成するように留意することが重要です。

（ⅲ）受託者の指名

　また、遺言による信託においては、受託者となるべき者が指定されていないと、裁判所に選任の申立てをしなければいけないことになりますので（信託法6条1項）、**受託者となるべき者を指定しておく**ことが重要です。なお、受託者となるべき者を指定する定めがあるときであっても、利害関係人は指定された者に対し、相当の期間を定めて引受けをするかどうかを確答すべき旨を催告することができ、指定された者が期間内に確答をしなければ引受けをしなかったことになり、裁判所に受託者の選任の申立てをすることになります。

　そのため、**遺言による信託を行う場合には、事前に、受託者となるべき者に対し説明をして、了解を得ておくことがよいでしょう。**

② 信託の設定行為

（3） 自己信託による場合（信託宣言）

（ⅰ） 委託者＝受託者

　自己信託（信託宣言）とは、公正証書その他の書面又は電磁的記録を用いて、**自らを受託者として信託を設定する旨の意思表示を行う**方法をいいます（信託法3条3号）。

　この自己信託については、民事信託の場面では、事業承継のための自己信託（たとえば、自らが保有する株式を自己信託をし、自己信託の受益権を事業承継予定者とすることにより、事業承継を円滑に行うことを目的とするもの）などが考えられます。また、資産運用のための商事信託の場面では、譲渡禁止特約が付いた債権についての証券化・流動化（たとえば、工事請負契約に基づく工事請負代金債権については、一般的に譲渡禁止特約が付されていましたので、かかる債権を活用した資金調達を行うことは難しいとされていましたが、自己信託を行うことは、かかる譲渡禁止特約に反しないと考えられていますので、自己信託による資金調達を実現することが考えられます）が考えられます。

（ⅱ） 要式と成立時期

　自己信託については要式が定められていることに注意が必要です。そして、それぞれの方法ごとに、次の表のとおり、信託の成立時期が定められています。

〔自己信託の要式と成立時期〕

	要　式	信託の成立時期
①	公正証書又は公証人の認証を受けた書面若しくは電磁的記録（以下「公正証書等」という）による場合	当該公正証書等が作成された時点
②	公正証書等以外の書面又は電磁的記録による場合	受益者に対する確定日付のある証書により、当該信託がされた旨及びその内容を通知した時点

③ 信託財産

Point
- □ 信託の設定及び信託事務の処理等によって受託者が得た財産は「信託財産」となります。
- □ 信託財産の種類には原則として制限はありませんが、消極財産（債務）を信託することはできません。

解　説

1　信託財産

「信託財産」とは、**受託者に帰属する財産**であって、**信託により管理又は処分をすべき一切の財産**をいいます（信託法2条3項）。

具体的には次のものが信託財産に含まれます。

（1）信託譲渡された財産（信託法16条柱書）

委託者と受託者との間で信託が設定され、委託者から受託者に信託譲渡された財産は、信託財産を構成することになります。

たとえば、委託者から受託者に対して信託譲渡された不動産がこれに該当します。

（2）信託財産に属する財産の管理、処分、滅失、損傷その他の事由により受託者が得た財産（信託法16条1号）

受託者が、信託事務の処理として行った行為によって得た財産は、信託財産に含まれます。

たとえば、信託財産であった不動産を処分したことにより取得した売却代金がこれに該当します。

また、信託財産を構成する財産の全部又は一部が滅失又は損傷したことにより、受託者が得た財産も信託財産に含まれます。たとえば、信託財産

である建物が放火により滅失した場合において、受託者が取得した損害賠償請求権がこれに該当します。

例

（3）信託法の規定により信託財産に属することとされた財産（信託法17条〜19条等）

上記以外にも、信託法の規定により、信託財産に属することとされた財産としては、次のようなものがあります。

❶信託財産に属する財産と固有財産若しくは他の信託の信託財産に属する財産との付合若しくは混和又はこれらの財産を材料とする加工があった場合
⇒民法の付合（民法242条〜244条）、混和（民法245条）又は加工（民法246条）の規定に基づき信託財産に属することになります（民法247条〜248条）。

❷信託財産に属する財産と固有財産に属する財産とを識別することができなくなった場合
⇒各財産の共有持分が信託財産と固有財産とに属するものとみなされます。

これらの規定が適用される場面は必ずしも多くはありませんが、❷に記載されているとおり、固有財産と信託財産とが明確に区別されない（いわゆる分別管理が適切に行われていない）場合には、信託財産に含まれると考えていたものが、実は信託財産ではなかったということになってしまうおそれがあります。**受託者が適切に分別管理を行っているかどうかについてモニタリングをすることが重要**ですので、留意してください。

2 信託の対象となる「財産」の範囲

(1) 積極財産

(i) 信託財産の範囲

信託の対象である「財産」には、**金銭的価値に見積り得るものすべてが**含まれます。

不動産、有価証券、動産などの財産が含まれるとともに、特許権等の知的財産権なども信託の対象となる「財産」に含まれます。

しかし、生命、身体、名誉等の人格権は、金銭的価値に見積もることができませんので、信託の対象となる「財産」に含まれません。

(ii) 信託譲渡の対象とならない信託財産

なお、不動産のなかでも、農地については、信託の引受けにより所有権の取得をすることについて農業委員会の許可を得ることができないため（農地法3条2項3号）、信託譲渡の対象とすることができません。同様に、年金受給権は、法律上譲渡することができないため（国民年金法24条、厚生年金保険法41条1項本文）、やはり信託譲渡の対象とすることができません。もっとも、これらの財産（農地、年金受給権）は、信託譲渡の対象とすることができないだけであり、自己信託の対象とすることは可能です。

(iii) 預金債権の信託譲渡の留意点

また、預金債権についても、金融機関との預金契約において、譲渡をするためには金融機関の同意が必要とされている場合がほとんどです。そのため、信託譲渡を行うためには、金融機関の同意が必要であることに注意が必要です。

〔預金債権の信託譲渡〕

（2）消極財産

消極財産、すなわち、債務については、信託の引受け行為として、受託者が委託者より引き受けることができず、信託の対象とすることはできません。

もっとも、委託者と受託者の合意に基づいて、委託者の債務を受託者が信託財産により引き受けることができます。

なお、債務の引受けについては、いわゆる免責的な債務引受け（債務の引受けにより、譲渡人が債務を免れるものをいいます）と重畳的な債務引受け（債務の引受けにより、承継人のみならず、譲渡人も債務を引き続き負担するものをいいます）がありますが、債権者の同意を得なければ、委託者が当然に免責されることにはならず（免責的な債務引受けとはならないという意味です）、重畳的な債務引受けの効力しか生じないことには注意が必要です。そのため、委託者がオフ－バランス（off-balance）※を目的としてる場合には、債権者の同意を得ることが必要となることには注意が必要です。

〔消極財産の引受け〕

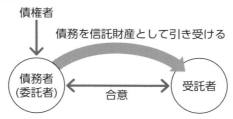

（3）事業の信託

信託の活用として、事業自体を信託すること（ある事業に関する積極財産と消極財産をまとめて信託するという方法）ができないかが検討されることがありますが、**積極財産を信託**し、**消極財産については債務引受け**（事業者の債務を、同一性を維持したまま**引受人**に移転することをいいます）の方法をとることで実現することができます。

※ オフ－バランス（off-balance）とは、一般的に資産・負債とみなされているものが会計上資産・負債とみなされず、貸借対照表に計上されていないことをいいます。

〔事業を信託する場合〕

3　信託財産の独立性

　信託では、受託者の資産内容が悪化した場合であっても、受託者が管理している信託財産は影響を受けないような仕組みが取り入れられています。すなわち、同じ受託者に帰属する財産であっても、信託財産と受託者の固有財産とは別のものとして扱われます。これを信託財産の独立性といいます。

　この信託財産の独立性により、たとえば、受託者について破産手続が開始された場合であっても、受託者が受託する信託財産に属する財産は、その破産手続において、破産財産に属するものとは扱われません。

〔信託財産の独立性〕

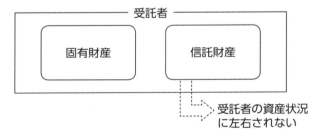

4　信託財産から生じた利益の帰属

　信託は、受益者のために設定されています。

　そのため、信託財産から生じた利益（たとえば、不動産を信託財産とする場合に、その不動産を賃貸して得られた賃料収入）は、信託の配当として、受益者に対して給付されます。また、信託が終了した場合には、残余財産の帰属権利者として定められたもの（信託終了時点における受益者、又は、帰属権利者）に給付されます。

4 受託者の責任

Point
- 受託者は、善管注意義務及び忠実義務を負っており、利益相反取引や競合行為を行うことは原則として禁止されています。
- 受託者には、分別管理義務や法定帳簿の作成義務などもあります。

―――― 解 説 ――――

1 受託者の注意義務

(1) 信託事務遂行義務

受託者は、信託の本旨に従い、信託事務を処理しなければなりません(信託法29条1項)。この「信託の本旨」とは、信託の目的を信託のあるべき姿に照らして理想化したもの、言い換えれば、委託者の意図すべきであった目的と解されています。

このように、**受託者は、信託行為の定めに形式的に従うことに加え、信託行為の定めの背後にある委託者の意図に従って、信託事務を処理することも求められている**ことに注意が必要です。

(2) 善管注意義務

受託者は、信託事務を処理するにあたっては、善良な管理者の注意をもって、これをしなければならないとされています(信託法29条2項本文)。

もっとも、かかる善管注意義務については、信託行為に別段の定めがあるとき(たとえば、「自己の財産における同一の注意義務」でよいとする場合など)は、その定めに従うことができます(同項ただし書)。

(3) 忠実義務

受託者は、受益者のため忠実に信託事務の処理その他の行為をする必要

があります（信託法30条）。このような忠実義務の具体的な内容として、以下のとおり、**利益相反行為及び競合行為が原則禁止**されています。

（ⅰ）利益相反行為の禁止

　利益相反行為とは、自己又は第三者の利益と受益者の利益とが相反する行為をいいます。受託者は、専ら受益者の利益のために行動しなければならないことから、利益相反行為を行うことが禁止されています（信託法31条1項）。

　もっとも、受益者の利益が害されない場合には、禁止の例外として、利益相反行為を行うことができるとされています。

　たとえば、信託行為に当該行為をすることを許容する旨の定めがあるときや、受託者が当該行為について重要な事実を開示して受益者の承認を得たときには、利益相反取引を行うことができます（同条2項）。

（ⅱ）競合行為の禁止

　受託者は、受益者の利益に反する行為はできません（信託法32条1項）。たとえば、信託の受託者として有価証券の投資をすることとされている場合において、さらに、自己の固有資産で有価証券の投資をしようとするときには、受託者としての投資判断を優先させなければなりません。

　もっとも、一定の場合には、禁止の例外として、競合行為を行うことができるとされています。具体的には、信託行為に当該行為を固有財産又は受託者の利害関係人の計算ですることを許容する旨の定めがあるときや、受託者が当該行為を固有財産又は受託者の利害関係人の計算ですることについて重要な事実を開示して受益者の承認を得たときには、競合行為を行うことができます（同条2項）。

2　分別管理義務

　受託者は、信託財産について、①**受託者の固有財産から分別**するとともに、②**他の信託の信託財産からも分別**して管理をする必要があります（信

④　受託者の責任

託法34条1項）。ただし、分別して管理する方法について、信託行為に別段の定めがあるときは、その定めに従うことができます（同項ただし書）。

　信託法が定める分別管理の方法は、次の表のとおりです。

〔分別管理の方法〕

財産の区分		管理方法	
①	信託の登記又は登録をすることができる財産（③を除く）	当該信託の登記又は登録	強行規定（※1）
②	信託の登記又は登録をすることができない財産（③を除く）	（i）動産（金銭を除く）	外形上区別することができる状態で保管する方法	任意規定（※2）
		（ii）金銭その他の(i)に掲げる財産以外の財産	その計算を明らかにする方法	
③	法務省令で定める財産	法務省令で定める方法	－

（※1）　強行規定とは、法令の規定のうちで、当事者がこれと異なる意思表示をした場合であっても、この意思表示が無効となり、法令の規定が適用される規定をいいます。
（※2）　任意規定とは、法令の規定のうちで、当事者がこれと異なる意思表示をした場合には、適用されない規定をいいます。

3　帳簿作成義務

　受託者は、信託事務に関する計算並びに信託財産に属する財産及び信託財産責任負担債務の状況を明らかにするため、信託財産に係る帳簿その他の書類又は電磁的記録を作成する必要があります（信託法37条1項）。また、受託者は、毎年1回、一定の時期に、貸借対照表、損益計算書その他の法務省令で定める書類又は電磁的記録を作成しなければなりません（同条2項）。なお、これらの**帳簿については、原則として作成後10年間保存をする**必要がありますので、注意が必要です。

4　その他の義務や権利

　以上のほかにも受託者は、損失補てんの責任を負っていたり、帳簿の閲覧謄写への対応をしなければならないなど、様々な義務を負っています。また、費用等の補償請求権、報酬請求権などの権利も有しています。

そのすべてをここで説明することはできませんが、信託を活用する場合には、受託者になろうとするものに対し、受託者の義務及び権利の内容を適切に理解させる措置を講ずることが望ましいと思います。

また、たとえば、受託者の義務及び権利についての条文例としては、次のようなものが考えられます。もっとも、この内容はあくまでも一例であり、案件ごとに、どのような規定を設けるべきか検討することが重要です。

例　受託者の義務と権利の内容

第●条（受託者の忠実義務及び善管注意義務と免責）
1.　受託者は、本信託の本旨、本契約の規定及び受益者等の指図（別途受益者等の承諾を得た場合にはその承諾を含む。）に従い、受益者のために忠実義務及び善良なる管理者としての注意義務を以て信託事務を処理する限り、当該信託事務によって生じた損害等について、その責を一切負わず、当該損失はすべて受益者が負担する。
2.　受託者がその任務を怠ったことによって次の各号に掲げる場合に該当するに至ったときは、受益者は、当該受託者に対し、当該各号に定める措置を請求することができる。ただし、第二号に定める措置にあっては、原状の回復が著しく困難であるとき、原状の回復をするのに過分の費用を要するとき、その他受託者に原状の回復をさせることを不適当とする特別の事情があるときは、この限りでない。
（1）信託財産に損失が生じた場合　当該損失のてん補
（2）信託財産に変更が生じた場合　原状の回復

第●条（信託の計算期間と計算期日）
1.　信託財産に関する計算期間は、毎年●月●日を始期とし、●月末日を終期とする期間（1年間）とする。
2.　受託者は、信託事務に関する計算並びに信託財産に属する財産及び信託財産責任負担債務の状況を明らかにするため、法務省令で定めるところにより、信託財産に係る帳簿その他の書類又は電磁的記録を作成し、受益者に対し報告するものとする。

第●条（信託報酬）
1.　信託報酬は次の各号に定める内容とし、受託者は各号に定める方法により、信託報酬を受け入れる。
（1）本契約締結時における、本信託の設定に係る諸手続に対する信託報酬額は金●円とし、当該信託報酬は、本契約締結日に、委託者により支払われる。
（2）各計算期間中の信託事務処理にかかる信託報酬額は各計算期間につき金●円とし、各計算期日（当該計算期日が営業日でない場合はその前営業日）において、信託財産から支払われ、信託財産から支払いを受けられない場合は受益者より支払われる。

第●条（信託事務処理費用）
1.　信託財産に関して支払われる公租公課、各種税金、信託の登記・登録その他の登記又は登録手続に要する費用、管理費用その他信託事務の処理に必要な一切の費用（以下「信託事務処理費用」と総称する。）は信託財産の負担とし、受託者は、信託事務処理費用を信託財産から支弁する。また、受託者は、信託事務処理のために必要であるときは、受益者等に対して必要金額を通知のうえ信託財産から費用の前払いを受けることができる。
2.　受託者は、前項の信託事務処理費用を信託財産から支弁することができないと判断した場合には、受益者に●日以上の相当の期間を定めて合理的な根拠を示した上でその支払いを請求すること又は担保の提供を請求することができる。受益者は、受託者から当該請求を受けた場合には、当該期間内に受託者に対して請求額を支払い、又は、受託者の満足する担保を提供する。

5 受益者の権利義務

Point

□ 受益者は、原則として、自由に受益権を譲渡とすることができますが、信託行為に別段の定めがあるときは譲渡を制限することができます。

□ 受益者による受託者の監督を期待することができない場合には、「信託管理人」、「信託監督人」及び「受益者代理人」という代替機関を設置して、広く受益者に代わって受託者を監督し、受益者の権利を保全することができます。

解　説

1 受益権の取得

　信託行為の定めにより受益者となるべき者として指定された者は、原則として、受益権を取得します。

　また、受託者は、受益者となるべき者として指定された者が受益権を取得したことを知らないときは、原則として、その者に対し、遅滞なく、その旨を通知しなければならないことにも注意が必要です。

2 受益権の放棄

　上記のとおり、受益者は、受益の意思表示をすることなく当然に受益権を取得することになることから、信託法は、受益者として指定された者の意思を尊重するために、受益権を放棄することを原則として認めました（信託法99条1項）。

　もっとも、受託者は受益権が放棄されると信託が終了しますので（1章7節参照）、そのことにより損害を受けるというリスクを負担することになります。そこで、**委託者又は受託者として受益者自らが信託行為の当事者として信託契約を締結した場合には、受益権を放棄することができません**の

で、注意が必要です。

3　受益権の譲渡

　受益者は、原則として、自由に受益権を譲渡とすることができますが、信託行為に別段の定めがあるときは譲渡を制限することができます。

　また、受益権の譲渡を受託者に対して対抗するためには、譲渡人（受益者）が受託者に通知をし、又は受託者が承諾をすることが必要です。第三者に対して受益権の譲渡を対抗するためには、確定日付のある証書により受託者に対して通知をするか、又は、受託者から承諾を得る必要があります。

〔受益権の譲渡の対抗要件〕

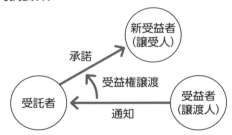

4　信託管理人等

　信託法は、「**信託管理人**」、「**信託監督人**」及び「**受益者代理人**」という制度を設け、受益者による受託者の監督を期待することができない場合について、広く受益者に代わって受託者を監督し、受益者の権利を保全するための代替機関を置くことができるとしました。

　各人の選任手続及び権限等は次の表のとおりです。

⑤　受益者の権利義務

〔代替機関の手続と権限〕

	信託管理人	信託監督人	受益者代理人
受益者の有無	受益者が存在しない場合に選任できる	受益者が存在する場合に選任できる	受益者が存在する場合に選任できる
選任方法	①信託行為に定める手続による方法 ②利害関係人の請求により裁判所が選任する方法	①信託行為に定める手続による方法 ②利害関係人の請求により裁判所が選任する方法 （ただし、受益者が受託者の監督を適切に行うことができない特別の事情があることが必要である）	①信託行為に定める手続による方法
権限等	①受益者が有する権利を行使できる ②自己の名をもって裁判上又は裁判外の行為をすることができる	①すべての受益者のために信託を監視・監督するために受益者に認められた権利を行使できる ②自己の名をもって裁判上又は裁判外の行為をすることができる	①受益者が有する権利を行使できる ②受益者を表示することなく裁判上又は裁判外の行為をすることができる

→※具体例は、３章を参照ください。

第1章　信託とは

第2章　資産運用における信託の活用とは

第3章　信託活用例（ケース別）

21

6 委託者の権利義務

> **Point**
> □ 委託者は信託法上様々な権利を有していますが、その権利の内容は、信託行為により柔軟に定めることができます。

解　説

1　委託者の権利

（1）委託者の権利の概要

信託法上、委託者に対して与えられている権利には、①**委託者としての**地位に基づき認められるものと、②**利害関係人としての**地位に基づき認められるものとがあります。

①の例としては、信託事務の処理の状況についての報告権（信託法36条）、受託者の辞任に対する同意権（信託法57条1項）、受託者の解任についての受益者との同意権（信託法58条1項）、信託の変更についての受託者及び受益者との同意権（信託法149条1項）などがあります。

②の例としては、遺言信託における信託の引受けの有無の催告権（信託法5条1項）、裁判所に対する受託者の選任申立権（信託法62条4項）などがあります。

〔委託者等に与えられている権利の例〕

郵便はがき

恐縮ですが
切手を貼っ
てお出しく
ださい

東京都千代田区
九段南4－7－13
㈱ビジネス教育出版社
　　　ご愛読者カード係行

書　名	
お買上 書店名	都道　　　市区 府県　　　郡　　　　　　　　　　　書店
ふりがな お名前	歳
ご住所	□□□-□□□□　　　　　　　性別 　　　　　　　　　　　　　　　男・女
ＴＥＬ	ご職業
E-mail	
ご購読新聞　　　　　新聞	ご購読雑誌

このたびは本書をお買い求めいただきありがとうございます。
このご愛読者カードは今後の小社出版の企画およびイベント等の資料
として役立たせていただきますので、ご協力をよろしくお願いします。

お買い求めの動機
1. 書店店頭で見て　2. 小社の目録を見て　3. 人にすすめられて
4. 新聞広告、雑誌記事、書評を見て（新聞、雑誌名　　　　　　　　）
5. 小社のHPを見て　6. その他（　　　　　　　　　　　　　　　）

上の質問に1. と答えられた方の直接的な動機
1. タイトル　2. 著者　3. 目次　4. カバーデザイン　5. 帯
6. その他（　　　　　　　　　　　　　　　　　　　　　　　　）

本書についてのご意見、ご感想をお聞かせください。
① 内容について

----

② カバー、タイトルについて

今後、とりあげてほしいテーマを掲げてください。

最近読んでおもしろかった本と、その理由をお聞かせください。

ご感想・ご意見を広告やホームページ、本の宣伝・広告等に使わせて
いただいてもよろしいですか？
1. 実名で可　　2. 匿名で可　　3. 不可

ご協力ありがとうございました。

ご提供いただいた個人情報は、弊社の個人情報保護方針に基づき、安全かつ厳
密に管理し、第三者に開示、提供、預託することはありません。
個人情報の取扱いに関するその他の事項につきましては弊社の「個人情報保護
方針」(https://www.bks.co.jp/privacy) をご覧ください（お問合せがある場合は、
個人情報保護管理者（TEL03(3221)5361）までご連絡ください）。

⑥　委託者の権利義務

（2）委託者の権利内容の変更

　これらの委託者の権利内容については、信託行為に定めることにより、**柔軟に個々のケースに応じて**委託者の権利内容に変更を加えることが認められています。たとえば、以下のように権利を制限、拡張などすることができます。

（ⅰ）権利の制限

　まず、信託法上認められている委託者の権利の全部又は一部については、信託行為において、これらの権利を有しないこととすることにより、委託者の権利を制限することができます（信託法145条1項）。

（ⅱ）権利の拡張

　また、帳簿等の閲覧又は謄写の請求権（信託法38条1項）などの受託者に対する監督権限については、信託行為において、委託者がこれらの権利を有するとすることにより、委託者の権利を拡大させることもできます（信託法145条2項・4項）。

（ⅲ）「受益者の定めのない信託」（信託法3条1号）

　なお、受益者の定めのない信託においては、委託者は、帳簿等の閲覧又は謄写の請求権（信託法38条1項）などの受託者に対する監督権限を有するものとされています。受益者の定めのない信託における委託者の権利については、信託行為によってもこれを制限することはできないことに注意が必要です（信託法260条）。

2　委託者の地位の移転・委託者の相続人の権利義務

　委託者の地位は、受託者及び受益者の同意を得て、又は信託行為において定めた方法に従い、第三者に移転することができます（信託法146条1項）。

〔委託者の地位の移転〕

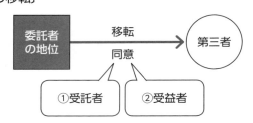

　また、**信託における委託者の地位は、委託者の相続人に相続される**ことになりますが、遺言による信託がされた場合には、信託行為に別段の定めがあるときを除き、委託者の相続人は、委託者の地位を相続により承継しません（信託法147条）。もっとも、遺言による信託の場合には、遺言者である委託者の財産は原則として、相続人に帰属することが、委託者の意思に沿うと考えられますので、遺言による信託における委託者の相続人であっても、残余財産（信託の終了により清算手続を経た積極財産のこと）の法定帰属権利者としての地位が認められることには注意が必要です（信託法182条2項）。

〔遺言による信託の場合の地位の移転〕

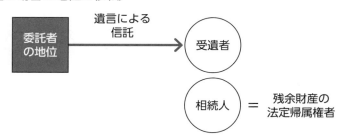

7 信託の終了

Point

□ 信託の終了事由は、当事者が信託契約において定めることが
できます。

□ 委託者と受益者は、原則として、合意により、いつでも信託
を終了させることが可能となります。

□ 信託が終了した場合、最終の計算が終了するまでの間、「清算
手続」が行われます。

解　説

1　信託の終了

(1) 信託の終了事由

　信託は、次の事由が生じた場合に終了するとされています（信託法163条、
164条）。

①委託者と受益者の合意がされたとき

②信託の目的を達成したとき、又は信託の目的を達成することができ
なくなったとき

③受託者が受益権の全部を固有財産で有する状態が1年間継続したと
き

④受託者が欠けた場合であって、新受託者が就任しない状態が1年間
継続したとき

⑤受託者が信託法52条（信託法53条2項及び54条4項において準用する場合
を含みます）の規定により信託を終了させたとき

⑥信託の併合がされたとき

⑦信託法165条又は166条の規定により信託の終了を命ずる裁判があ
ったとき

⑧信託財産についての破産手続開始の決定があったとき

⑨委託者が破産手続開始の決定、再生手続開始の決定又は更生手続開始の決定を受けた場合において、破産法53条1項、民事再生法49条1項又は会社更生法61条1項（金融機関等の更生手続の特例等に関する法律41条1項及び206条1項において準用する場合を含みます）の規定による信託契約の解除がされたとき

⑩信託行為において定めた事由が生じたとき

（2）委託者と受益者との合意による終了

委託者及び受益者は、いつでもその合意により、信託を終了させることができます（信託法164条1項）。もっとも、信託行為において別段の定めがあるときにはその定めに従うとされていますので、信託契約において規定を設けることにより、委託者と受益者の合意があっても信託を終了させることができないとすることも可能です。

（3）費用償還等を受けることができない受託者による終了

上記1（1）「⑤受託者が信託法52条（信託法53条2項及び54条4項において準用する場合を含みます）の規定により信託を終了させたとき」とは、受託者が信託事務処理するための費用の償還等を受けることができない場合において、信託法の規定に基づき信託を終了させるときをいいます。

信託財産から費用を賄うことができない事態が生じ得ることを想定し、どのような対応を講じるのか、信託契約において明確にしておくことが重要であることに留意が必要です。

（4）信託の終了を命ずる裁判による終了

信託行為の当時予見することのできなかった特別の事情により、信託を終了することが信託の目的及び信託財産の状況その他の事情に照らして、受益者の利益に適合するに至ったことが明らかであるときは、裁判所は、委託者、受託者又は受益者の申立てにより、信託の終了を命ずることができます（信託法165条1項）。

⑦　信託の終了

　また、裁判所は、（ⅰ）不法な目的に基づいて信託がされた場合、あるいは、（ⅱ）受託者が、法令若しくは信託行為で定めるその権限を逸脱し若しくは濫用する行為又は刑罰法令に触れる行為をした場合において、法務大臣から書面による警告を受けたにもかかわらず、なお継続的に又は反覆して当該行為をした場合において、公益を確保するため信託の存立を許すことができないと認めるときは、法務大臣又は委託者、受益者、信託債権者その他の利害関係人の申立てにより、信託の終了を命ずることができます（信託法166条1項）。

　このように、裁判所の関与のもと、信託が終了する場合もありますので、注意が必要です。

（5）その他信託行為に定めた事由による就労

　上記1（1）①～⑨までの事由のほか、当事者は、信託行為において、自由に信託の終了事由を定めることができます。

　それぞれの事案ごとに、どのような場合に信託を終了させる必要があるのかを検討し、事案に即した終了事由を定めるとよいでしょう。

2　信託の清算

　信託の終了事由が生じ、信託が終了した場合、それ以上信託を存続させる必要はありませんので、受託者は、その業務を終了させ、信託財産に属する債務の弁済を行ったうえで、残余財産を帰属権利者等に給付し、信託関係を終了させる必要があります。

（1）受託者による清算事務の遂行

　信託が終了した場合、受託者は、清算受託者として、清算事務を開始することになります。

　具体的には、次の事務を行うことになります。

❶現務の結了

　⇒信託についての法律関係（債権債務関係）の確定（信託契約に定め

られた信託事務の終了）
❷信託債権の弁済等
　⇒第三者との債権債務関係の清算（信託財産に属する債権の取立て及び信託債権に係る債務の弁済）
❸受益債権の弁済
　⇒受益者との債権債務関係の清算（受益債権（残余財産の給付を内容とするものを除きます）に係る債務の弁済）
❹受益者等に対する残余財産の給付
❺最終の計算処理・受益者等に対する承認請求
　⇒清算の結了

　ただし、**清算受託者が行うべき職務については、信託契約において別段の定めをすることも、上記の清算事務以外の事務を加えることもできます。**

（2）残余財産の給付
　上記2（1）❹の残余財産は、信託行為において、残余財産の給付を内容とする受益債権に係る受益者（「残余財産受益者」といいます）又は残余財産の帰属するべき者として指定された者（「帰属権利者」といいます）に帰属します。すなわち、特段の定めがない場合には、受益者に残余財産の給付を行いますが、信託契約において帰属権利者を定めている場合には、受益者ではない者に対しても残余財産の給付を行うことができます。
　残余財産をだれに交付するのかという点については、受益者が複数いる場合など問題になることが少なくありませんので、信託契約において規定をすることが望ましいと考えられます。

8 信託の変更等

Point

☐ 委託者、受託者及び受益者の合意等により信託を変更することができます。

☐ 重要な信託の変更に該当する場合には、受益者には受益権取得請求権が発生します。

☐ 信託法においては、「信託の併合」、「信託の分割」という制度が設けられています。

解　説

1　信託の変更

(1) 合意等による信託の変更

　信託契約においては、信託の設定時に、将来起こり得る事象などを考慮し、様々な規定を設けることになりますが、すべてのことを検討することができず、将来において、当初意図していなかった事態が生じる場合があります。また、信託設定時とは異なる事情が生じ、それにより、委託者として、信託の内容を変更したいという希望が生じることがあります。

　そのため、信託法においては、以下の場合に、次の方法により、信託の変更をすることができると定められています（信託法149条）。

〔信託の変更事由と方法〕

	事　由	方　法
①	〔原則〕	委託者、受託者及び受益者の**合意**
②	信託の目的に反しないことが明らかであるとき	受託者及び受益者の**合意**
③	信託の目的に反しないこと及び受益者の利益に適合することが明らかであるとき	受託者の書面又は電磁的記録によってする**意思表示**
④	受託者の利益を害しないことが明らかであるとき	委託者及び受益者による受託者に対する**意思表示**
⑤	信託の目的に反しないこと及び受託者の利益を害しないことが明らかであるとき	受益者による受託者に対する**意思表示**
⑥	信託行為に別段の定めがあるとき	信託行為において定められる方法

　②、③及び⑤の方法による信託の変更がなされた場合、受託者は、遅滞なく、委託者及び受益者のうち、信託の変更に関与していない者に対し、変更後の信託行為の内容を通知する必要があることに注意が必要です。

〔変更内容の通知〕

※信託行為に定めることで、通知義務を免除できる

　また、①〜⑤の方法による信託の変更についての規定は任意規定（P.17〔分別管理の方法〕参照）ですので、信託行為に定めることにより、たとえば①〜⑤の方法による信託の変更を禁じることも、②、③及び⑤の受託者の通知義務を免除することもできます。

　このように、信託法に一定の規定が設けられている場合であっても、異なる制度を設計することができる項目については、**それぞれの事案ごとに、**

⑧　信託の変更等

オーダーメイドでその内容を設定することができます。このオーダーメイ
ドを実現することが、アレンジメントの醍醐味であり、民事信託のように、
当事者ごとに、異なった権利関係が存在する場合には、重要なテーマであ
ると思われまます。

（2）受益権取得請求権の対象となる「信託の重要な変更」

　次に掲げる事項（❶〜❺）に係る信託の変更（これらの変更を「**重要な
信託の変更**」といいます）がされる場合、これにより<u>損害を受けるおそれ
のある受益者は、受託者に対し、自己の有する受益権を公正な価格で取得
することを請求することができます</u>。この請求できる権利のことを「**受益
権取得請求権**」といいます（信託法103条）。

　ただし、❶又は❷による信託の変更の場合にあっては、受益者がこれに
より損害を受けるおそれがなくても、受益権取得請求権を有します。

〔重要な信託の変更〕
　❶信託の目的の変更
　❷受益権の譲渡の制限
　❸受託者の義務の全部又は一部の減免
　　（当該減免について、その範囲及びその意思決定の方法につき信託行為に定
　　めがある場合を除きます。）
　❹受益債権の内容の変更
　　（当該内容の変更について、その範囲及びその意思決定の方法につき信託
　　行為に定めがある場合を除きます。）
　❺信託行為において定めた事項

　このように、変更する内容によっては、受益権取得請求権が発生します
ので、**信託を変更する場合には、その内容が<u>重要な信託の変更</u>に該当しな
いかどうか確認をする必要がある**ことに留意が必要です。

（3）　裁判所による信託の変更

　信託行為の当時予見することのできなかった特別の事情により、信託事務の処理の方法に係る信託行為の定めが、信託の目的及び信託財産の状況その他の事情に照らして受益者の利益に適合しなくなったときは、裁判所は、委託者、受託者又は受益者の申立てにより、信託の変更を命ずることができます（信託法150条）。

2　信託の併合・分割

　信託法においては、受託者を同一とする二以上の信託の信託財産の全部を一の新たな信託の信託財産とするという「**信託の併合**」、ある信託の信託財産の一部を受託者を同一とする他の信託の信託財産として移転するという「**吸収信託分割**」、ある信託の信託財産の一部を受託者を同一とする新たな信託の信託財産として移転するという「**新規信託分割**」（吸収信託分割又は新規信託分割をまとめて「信託の分割」といいます）という制度が設けられています。

　これらの制度は、株式会社における合併、会社分割と類似した制度です。このテキストでは、その手続等の説明は省略しますが、このような制度があることも覚えておきましょう。

⑧ 信託の変更等

〔信託の併合〕

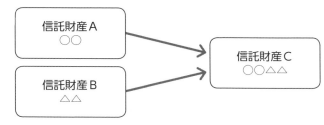

〔吸収信託分割〕

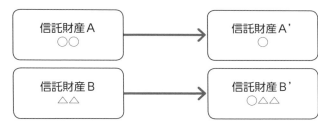

〔新規信託分割〕

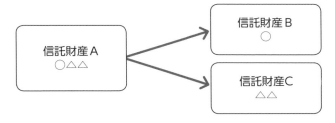

9 信託の独自的機能

Point

□ 信託の独自的機能、すなわち、信託でなければできないこととして、①権利者の属性の転換、②権利者の数の転換、③財産権享受の時間的転換、④財産権の性状の転換などがあります。

解　説

1　信託の有する「転換機能」

これまで説明してきたとおり、信託の特徴として大きく次の3点を挙げることができます。

①特定の財産について、形式的に権利者とみられる者（受託者）と、その財産権から生ずる利益を享受する者（受益者）が分裂をしていること

②このような分裂が、受託者をして受益者のために事務を処理せしめるという関係に伴うものであること

③事務処理関係特有の「財産」と「機能」の分裂について、その権限が信託財産の独立性などによって準物権的に保護されること（このことを、**「信託が財産の安全地帯」**といわれたりします）

信託は、このような本質的な特徴があるがゆえに、**他人に事務処理をさせる**という形で、「形式的な財産権帰属者」＝「管理権者」と、「実質的な利益享受者」を分裂させながら、利益享受者のために、財産の安全地帯となることができます。

このような信託の特性を利用することによって、信託は、財産権ないし財産権者についての状況を、財産権者の様々な目的追求に応じた形に転換することを可能にしているのです。

信託には、このような**「転換機能」**を有しているという特徴があります。

2 具体的な転換の事例

（1）権利者の属性の転換

まず、信託は、財産権者の**財産管理力・経済的信用力・自然人性**等を転換するために利用されます。

たとえば、高齢者の財産保全のために消費者の浪費を防止するために、友人・親族・営業受託会社などに財産を管理させる場合などが該当します。すなわち、信託の利用により、高齢者から財産管理能力がある親族に、権利者の属性が転換されているのです。

（2）権利者の数の転換

信託は、財産権の帰属主体が複数である場合又は法人格なき団体である場合に、これを単一主体にしたり、調整者を創り出したりするために利用することができます。また、単一の権利者を複数にするために利用することもできます。

たとえば、隣接する複数の土地の地権者が、土地の有効活用を図るために大規模なテナントビルを建てようとする場合、各地権者がそれぞれに独立の事業主体となったのでは効率的な利用を図ることができなかったりするおそれがあります。その際に、信託を利用し、各自が土地を同じ受託者に信託し、受託をして事業を執行させた場合、事業主体の単数化が実現でき、権利関係も単純化することが可能となります。

（3）財産権享受の時間的転換

信託は、将来における自己・近親者・被用者（従業員）の生活に備えるなどの目的で、財産権の利益享受の時点を延期するために利用することもできます。

たとえば、他人に財産を信託して、自分自身を自己生存中の受益者、自分の子・配偶者その他の者を自己死亡後の受益者としておくと、生前行為によって、死後における財産の分配を実現することができます。

（4）財産権の性状の転換

　信託は、既存の財産権が持っている性状を別のものに転換し、あるいは財産権を債務を含む包括財産に転換することに利用することもできます。すなわち、**いかなる財産権も信託されると、受益権という特殊な債権に転化します**。そして、受益権は、その分割可能性と受託者の信用力によって、原財産権よりも処分（資金化）が容易になる場合があります。

　たとえば、高齢者が現に居住する土地・建物を受託会社に信託し、受益者の取得した受益権の全部又は一部の譲渡によって、生活費を手に入れるということが可能となります。

例

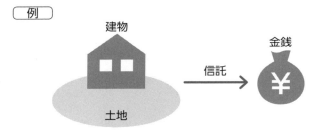

第 **2** 章

資産運用における信託の活用とは

1　信託の現状
2　金銭の信託
3　証券投資信託
4　投資法人（会社型投資信託）
5　遺言信託（遺言書の作成、保管等）

---

1 信託の現状

　一般社団法人信託協会によれば、平成30年2月末現在における**信託財産**は次のとおりとされています。

〔信託財産〕

(単位：百万円)

信託の種類	金額
金銭信託	158,302,971
年金信託	31,919,366
財産形成給付信託	29,706
投資信託	198,031,001
金銭信託以外の金銭の信託	36,885,654
有価証券の信託	62,858,665
金銭債権の信託	49,179,403
動産の信託	71,790
土地及びその定着物の信託	1,163,790
包括信託	574,735,582
その他の信託	6,240
	1,113,184,256

注1　本表は、国内で信託業務を営む金融機関等の計数を集計したものです。
注2　本表には、資産管理のために他の信託銀行に再信託された財産に係る計数を含みます（資産管理のために他の信託銀行に再信託された財産（元本額）370,409,963百万円）。

出典：一般社団法人信託協会ホームページ

　このように、日本国内においては、包括信託（P.40 語句解説 参照）を除くと、金銭信託や投資信託の割合が多くなっています。

　そこで、この章では、**金銭信託**及び**投資信託**について、その概要を説明することとします。

① 信託の現状

〔信託の分類〕

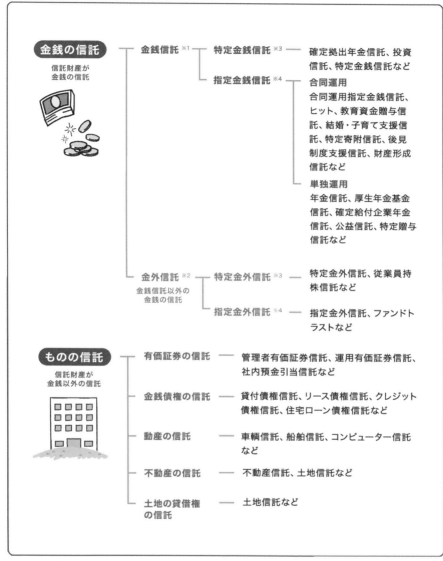

※1 信託終了時に信託財産の交付を金銭で行う信託
※2 信託終了時に信託財産を現状有姿のまま交付する信託
※3 特定は運用方法が特定された信託
※4 指定は運用方法が指定された信託

出典：一般社団法人信託協会ホームページ

語句解説

○金銭信託

　金銭又はこれと同視できる小切手等を信託財産とする金融商品のこと。

　資金を信託財産として預け、信託銀行等があらかじめ決められた方針に沿って運用し、利用者はその収益を受け取ります（2章2節以降参照）。

○年金信託

　信託会社が、企業からその従業員の退職年金給付に充てる資金の管理・運用を目的として引受ける金融商品のこと。

　信託銀行等では、①確定給付企業年金信託、②確定拠出年金信託、③厚生年金基金信託といった年金信託の管理・運用から、加入者や受給者の管理、年金等の支払い、年金の掛金の計算等も行っています。また、個人型確定拠出年金（iDeCo）や、国民年金基金の年金資金の管理・運用も行っています。

○財産形成給付信託

　事業主が財形貯蓄をしている勤労者に毎年定期的に拠出する金銭を信託財産とすること。税制上の援助があります。

○投資信託

　投資家から集めたお金を一つの大きな資金としてまとめ、運用のプロが株式や債券等に投資・運用しその運用の成果として生まれた利益を投資家に還元するという金融商品のこと。

○有価証券の信託

　信託契約により有価証券を信託銀行等に信託する金融商品のこと。

　有価証券の管理事務の軽減を目的とするものや、保有する国債等を貸し出すことにより運用収益を得る目的とするもの、インサイダー取引等の防止のために株式の売却を目的とするものがあります。

○金銭債権の信託

　金融機関などが持つ金銭債権等の資産を信託財産とする信託こと。

　資金調達や資産のオフ−バランスを目的に使われています。

○動産の信託

　動産を信託財産とする信託のこと。

○土地及びその定着物の信託（不動産信託）

　土地・建物など不動産を信託財産とする信託のこと。広義には地上権、土地賃借権の信託も含まれます。

○包括信託とは

　信託契約において、複数の種類の財産を一つの信託行為により引き受ける汎用的な信託のこと。

　信託財産を、金銭と有価証券、金銭と工場、建物と機械類などの組み合わせがあります。

② 金銭の信託

　信託の引受けをするときに、**金銭又はこれと同視できる小切手等を信託**
することを**金銭の信託**といいます。

　金銭の信託の残高は、金銭の信託単体でみても、平成30年2月末時点で、
158兆円にものぼり[1]、また、包括信託における金銭の信託を含めると、平
成29年3月末時点では、411兆円にものぼります[2]。

　この金銭の信託には、証券投資信託、証券信託、企業年金信託など従前
から行われ、よく知られている商品もあり、金融市場や国民生活において、
なくてはならない存在となっています。

　金銭信託の概要について、運用方法・管理方法・給付方法ごとにみてい
きましょう。

1　信託財産の運用方法による分類

（1）運用方法が「特定」された金銭の信託（特定運用）

　信託財産たる金銭の運用対象が**特定の財産に限られているもの**、又は、委
託者若しくはその代理人等が**その都度具体的に指図するもの**を、「運用方
法が特定された」又は「特定運用」の金銭の信託といいます。

　この運用方法の特定の方法としては、たとえば、信託契約において、次
のような規定を置くことがあります。

※1　一般社団法人信託協会ホームページ
　　　（http://www.shintaku-kyokai.or.jp/data/property）
※2　一般社団法人信託協会ホームページ
　　　（http://www.shintaku-kyokai.or.jp/data/statistics_list）

例1 信託契約において具体的な指図をする方法

「●●株式会社に対して●円を貸し付ける。」
「●月に発行される国債を●円分購入する。」

例2 信託契約において包括的な規定を定め、運用を行う際にその都度具体
的に指図する方法

「委託者は、受託者に対し、信託財産の管理・運用方法に関する指図をする。」
　　　↓　具体的に信託財産の運用を行う際に、以下のように指図する
「●●株式会社に対して●円を貸し付ける。」
「●月に発行される国債を●円分購入する。」

（2）運用方法が「指定」された金銭の信託（指定運用）

　信託財産たる金銭の運用対象が**財産の種類で定められたもの**を、「運用方法が指定された」又は「指定運用」の金銭の信託をいいます。

　この運用方法の特定の方法としては、たとえば、信託契約において、次のような規定を置くことがあります。

例 指定運用の規定

「上場株式を取得することにより運用する。」
「貸付金、株式、公社債により運用する。」

※特定運用ほどは具体的ではないものの、一定程度運用方法が具体的になっている方法

　受託者は、この指定された運用方法に反しない範囲で、具体的に運用方法を定めることになります。特定運用とは異なり、受託者は、自ら、具体的な運用方法を判断する必要があるため、指定運用においては、運用方法の決定に際し、**善管注意義務を委託者に対して負っている**ことには注意が必要です。

42

② 金銭の信託

Check!

「特定運用」と「指定運用」の判断について、明確な基準はありませんが、一般には、委託者が信託目的及び信託財産の運用方法について明確な意図をもち、これらの決定について信託銀行が介入する余地が極めて少ない場合には、「特定運用」に該当すると判断される場合が多いように思われます。

（3）運用方法が指定及び特定されていない金銭の信託（無指定運用）

信託財産たる金銭の運用方法が、**特定も、指定もされていないもの**を「運用方法が指定及び特定されていない」又は「無指定運用」の金銭の信託をいいます。

2　信託財産の管理方法による分類

信託財産は、信託財産ごとに分類して管理するのが通常であり（信託法34条1項）、**一つの信託財産だけで運用することを「単独運用」**といいます。

もっとも、金銭については、他の信託財産とあわせて運用することも、その計算を明らかにすることで認められています（信託法34条2項ロ）。このように、**ある信託の信託財産を他の信託における信託財産とあわせて運用することを「合同運用」**といいます。

3　信託財産の給付方法による分類

金銭信託は、信託が終了したときに、信託財産を金銭に換金して受益者（帰属権利者）に対して給付します。他方、信託財産を金銭に換金せず現状有姿のままで給付するものを「金銭信託以外の金銭の信託」又は「金外信」といいます。

〔信託終了時の信託財産の給付方法〕

金銭信託	信託財産を**金銭に換金**して給付
金銭信託以外の金銭の信託（金外信）	信託財産を金銭に換金せず**現状有姿のまま**給付

4 合同運用指定金銭信託

　以上のように、金銭の信託については様々な分類方法がありますが、これらを組み合わせて、様々なスキームが組成されています。

　たとえば、「**合同運用指定金銭信託**」(「合同金信」と呼ばれることもあります) というものがあります。合同運用指定金銭信託とは、**同一の約款に基づく多数の信託行為によって集められた信託財産をまとめて運用する金銭信託**をいいます。

Break!☕

　合同運用指定金銭信託は、古くから信託銀行における代表的な商品として取り扱われています。

　たとえば、金銭信託 (1カ月据置型) は、「ヒット」という愛称で呼ばれたり、金銭信託 (新1年据置型) は「スーパーヒット」、貸付信託は、「ビッグ」などと呼ばれ多く取り扱われていました。最近は、その残高は減少傾向にあるようであるが、たとえば、オリックス銀行は、「eダイレクト金銭信託」という商品を発売しており、その残高は順調に増加しているようです[3]。

---

[3]　オリックス銀行ホームページ (http://www.orixbank.co.jp/personal/trust/)

3 証券投資信託

投資信託については、従来からの契約型投資信託に加え、会社型投資信託（投資法人）があります。まずは、契約型投資信託についてみていきましょう。

1 契約型投資信託の概要

契約型投資信託には「**委託者指図型投資信託**」と「**委託者非指図型投資信託**」があります。

（1）委託者指図型投資信託

「委託者指図型投資信託」とは、信託財産を委託者の指図に基づいて**特定資産（主として有価証券、不動産その他の資産で投資を容易にすることが必要であるものとして政令で定めるもの）**に対する投資として運用することを目的とする信託であって、投資信託及び投資法人に関する法律（以下「**投信法**」といいます）に基づき設定され、かつ、その受益権を分割して複数の者に取得させることを目的とするものをいいます。

簡単にいうと、「委託者指図型投資信託」は、**受益者（投資家）、受託者（信託銀行）、委託者（投資信託委託会社）**の３者で構成されます。受益者から集められた資産は、受託者が保管・管理し、委託者が運用を指図します。

「委託者指図型投資信託」における運用財産は、特定資産であり、有価証券、不動産等がありますが、一般には**有価証券を運用財産とするものが中心**であり、主として有価証券に対して投資することを目的とするものを「**証券投資信託**」といいます（投信法２条４項）。

「証券投資信託」の概要は次の図のとおりです。

〔「証券投資信託」のスキーム〕

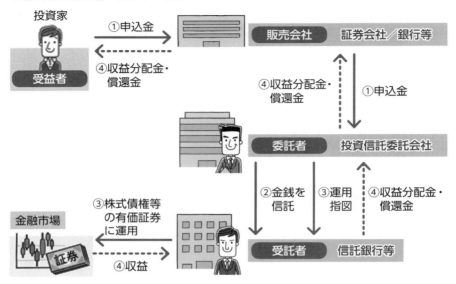

❶投資家[受益者]は、証券会社・銀行等[販売会社]に投資信託の申込金を支払います。証券会社・銀行等[販売会社]は、投資家[受益者]から支払われた申込金をまとめて、投資信託委託会社[委託者]に申し込みます。

❷投資信託委託会社[委託者]は、信託銀行等[受託者]と信託契約を締結し、(証券会社・銀行等[販売会社]を通じて支払われた)投資家[受益者]の申込金を信託して預けます。

❸投資信託委託会社[委託者]は、信託銀行等[受託者]に対して運用を指図します。運用指図を受けた信託銀行等[受託者]は、その指図のとおりに金融市場で株式・債券等の有価証券で運用します。

❹運用の結果、収益が上がれば、信託銀行等[受託者]は、投資信託委託会社[委託者]に収益分配金を交付し、最終的には、販売会社を通じて投資家[受益者]に交付されます。

出典:一般社団法人信託協会ホームページ(一部加工)

③　証券投資信託

（2）委託者非指図型投資信託

　「委託者非指図型投資信託」とは、一個の信託約款に基づいて、受託者が複数の委託者との間に締結する信託契約により受け入れた金銭を、合同して、委託者の指図に基づかず主として特定資産に対する投資として運用することを目的とする信託であって、投信法に基づき設定されるものをいいます。

　簡単にいうと、「委託者非指図型投資信託」は、**受益者兼委託者（投資家）**と、**受託者（信託銀行）**の2者で構成され、受益者から集められた資産は、受託者が保管・管理し、運用も行います。委託者指図型とは異なり、委託者でもある投資家が運用を指図することはありません。主な投資対象は有価証券に該当しない不動産・金銭債権等です。

2　証券投資信託を組成する際の留意点

（1）委託者及び受託者

　証券投資信託における信託契約は、一の金融商品取引業者を委託者とし、一の信託会社等を受託者として締結しなければなりません（投信法3条）。

　そのため、**受託者は、単数**である必要があるという点に注意が必要です[※4]。

（2）類似証券投資信託の禁止

　投信法では、証券投資信託を除くほか、信託財産を主として有価証券に対する投資として運用することを目的とする信託契約を締結し、又は信託法3条3号の方法によってする信託をしてはなりません（投信法7条。ただし、受益証券発行信託以外の信託であって信託の受益権を分割して複数の者に取得させることを目的としないものについては、例外として行うこと

※4　そのため、信託銀行各社が推進している、資産管理専門信託銀行（たとえば、日本マスタートラスト信託銀行株式会社などがこれに該当します）への管理業務のアウトソーシングにおいて、投資信託は、「再信託（信託契約上の受託者は当初契約当事者である信託銀行のまま）」という形態で行われています。

47

ができます）。

　そのため、投信法で禁止されていないのは、①信託財産を主に有価証券
に運用するものではない信託、②信託契約によらずに、組合契約によるも
のなどになります。

（3）金銭信託以外の投資信託の禁止

　証券投資信託は、原則として、金銭信託でなければなりません（投信法8
条）。

　この例外としては、たとえば、**現物出資型の上場投資信託（ETF）**など
があります。

3　証券投資信託の種類

　証券投資信託には、多様な種類があり、それらをすべて分類することは
難しいところですが、投資信託協会による投資信託の商品分類は、次の図
のとおりです。

　ここでは、**公社債投資信託**と**株式投資信託、単位型（ユニット型）**と**追
加型（オープン型）**について説明します。

③ 証券投資信託

〔投資信託協会による証券投資信託の商品分類〕

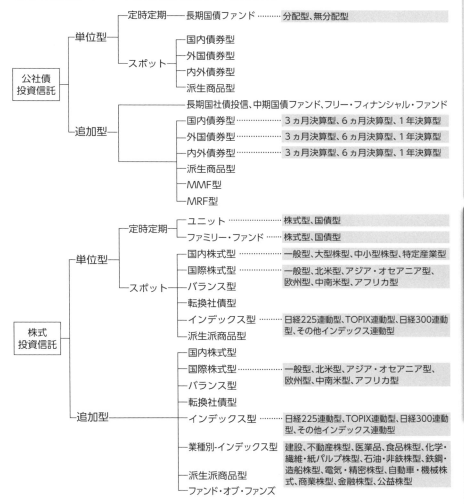

（1）公社債投資信託、株式投資信託

　上記の図のとおり、証券投資信託は、運用する証券の種類によって区別をすることができ、**公社債投資信託**と**株式投資信託**に大きく分類されます。

（ⅰ）公社債投資信託

　「公社債投資信託」とは、**公社債及び短期金融商品で運用し、株式を一切組み入れないことを信託約款上で明示している投資信託**のことをいいます。この公社債投資信託は、所得税法において特別に定義が設けられています（所得税法2条1項15号）。

　所得税法において特別に定義が設けられているのは、公社債投資信託の収益金は「利子所得」とし、その他の投資信託の収益金は「配当所得」として区別をするためです（所得税法23条1項、24条1項）。

Break!

　公社債投資信託の投信法上の定義は次のとおりです（投信法施行規則13条2号イ）。

　公社債投資信託（有価証券（金融商品取引法2条2項の規定により有価証券とみなされる同項各号に掲げる権利を除く）については次に掲げるものに限り投資として運用すること（国債証券又は外国国債証券に係る金融商品取引法2条24項5号に掲げる標準物についての同法28条8項3号に掲げる取引を行うことを含む）とされている証券投資信託をいう。25条2号において同じ）

（1）金融商品取引法2条1項1号から5号までに掲げる有価証券

（2）金融商品取引法2条1項11号に規定する投資法人債券及び外国投資証券で投資法人債券に類する証券

（3）金融商品取引法2条1項14号に規定する有価証券で、銀行、協同組織金融機関の優先出資に関する法律（平成5年法律第44号）2条1項に規定する協同組織金融機関及び金融商品取引法施行令（昭和40年政令第321号）1条の9各号に掲げる金融機関又は信託会社の貸付債権を信託する信託（当該信託に係る契約の際における受益者が委託者であるものに限る）又は指定金銭信託に係るもの

（4）金融商品取引法2条1項15号に掲げる有価証券

（5）金融商品取引法2条1項16号に掲げる有価証券

（6）金融商品取引法2条1項17号に掲げる有価証券で（1）又は（3）から（5）までに掲げる有価証券の性質を有するもの

（7）金融商品取引法2条1項18号に掲げる有価証券

（8）金融商品取引法施行令1条1号に掲げる有価証券

（ⅱ）株式投資信託

　次に、「株式投資信託」とは、**運用する証券のなかに、株式を組み入れている投資信託**のことをいいます。投信法施行規則においては、「株式投資信託」とは、公社債投資信託以外の証券投資信託をいうとされており（投信法施行規則6条1項3号）、投信法上は、証券投資信託は、「公社債投資信託」と「株式投資信託」に分類されることになります。そのため、実務上は、債券のみで運用しているような投資信託であっても、**信託約款上で少しでも株式が組み込まれる可能性があるものは、すべて株式投資信託に該当すると**分類されています。

（2）単位型（ユニット型）と追加型（オープン型）

（ⅰ）単位型

　「単位型」とは、**一定の募集期間を定めて投資家から資金を募集し、その期間中に設定した資金を一つのファンドとして信託を設定する**ものをいいます。

　単位型には、さらに、毎月同じ性格のファンドが設定される「**定時定期型**」と、その時の情勢に合わせて設定される「**スポット型**」に分類されます。

　単位型については、原則として一つのファンドごとに独立して運用されることが予定されており、また、追加募集を行うことも予定されていません。その反面、解約が自由であるため、**資金の減少により、安定した運用が困難になるというデメリット**があるといわれています。そこで、単位型について、ファミリーファンド方式というものが考案されました。

　ファミリーファンド方式の場合、ベビーファンド（単位型で組成され、投資家が実際に受益証券を購入する投資信託です）が、運用対象として、**マザーファンド**（公社債、外貨建債権、株式等、運用対象別の専用ファンドをいいます）の受益証券を組み入れ、株式や債券に投資したのと同様の効果を上げようとするものです。単位型ですので、ファンド自体は独立していますが、実質的に各ファンドの合同運用が行われますので、**資金的に安**

定した運用を実現することができます。

Check!

　ファミリーファンド方式と似ているものとして、「ファンド・オブ・ファンズ」という運用形態があります。この**ファンド・オブ・ファンズは、一つのファンドが複数のファンドに投資する方式**であるのに対し、**ファミリーファンドは複数のファンドが一つのマザーファンドに投資する方式**をいいます。また、ファミリーファンド方式は同じ運用会社で設定された投資信託間でしか行われないのに対し、ファンド・オブ・ファンズは異なる運用会社の投資信託を対象とすることもできます。

（ⅱ）追加型

　次に、「追加型」とは、**ファンド設定後も投資家から随時に資金を集め、当初の設定ファンドに追加するもの**をいいます。

　オープン型投資信託では、委託者が追加信託を申し出たときは、約款に定められた限度金額の範囲内である限り、追加信託をすることができます。なお、投資家は、時価（基準価額ともいい、ファンドの純資産総額を受益権総口数で除した価額をいいます）を基準に購入することができます。

4 投資法人（会社型投資信託）

1 投資法人（会社型投資信託）制度の登場

平成10年の投信法の改正により、我が国の投資信託制度に**会社型の投資信託**が導入されました。「会社型投資信託」という呼び名は、従来の「契約型投資信託」と対比するかたちで付けられたものです。また、契約型投資信託は、信託契約に基づいて組成されたファンドであるのに対し、会社型投資信託は、**会社形態によって組成されたファンドであり、信託契約が存在しません**。そのため、「会社型投資信託」という呼び方は誤解を招くとして、「**投資法人**」と呼ぶべきであるともいわれています（以下「会社型投資信託」を「投資法人」といいます）。

2 投資法人の仕組み

投資法人の場合には、投資家は、**投資口を取得する**ことにより投資を行うことになります。この投資口とは、均等の割合的単位に細分化された投資法人の社員たる地位をいい（投信法2条14項）、株式会社でいえば「株式」に該当し、契約型投資信託でいえば「受益権」に該当します。

〔出資の単位の種類〕

投資法人	株式会社	契約型投資信託
投資口	株式	受益権

3 投資法人の資産の運用

投資法人は、規約に定める資産運用の対象及び方針に従い、**特定資産**（2章3節参照）について、次に掲げる取引を行うことができます（投信法193条1項）。

①有価証券の取得又は譲渡

②有価証券の貸借

③不動産の取得又は譲渡

④不動産の貸借

⑤不動産の管理の委託

⑥その他政令で定める取引

※このほか、規約に定める資産運用の対象及び方針に従い、特定資産以外の資産について、その取得又は譲渡その他の取引を行うことができます（投信法193条2項）。

　このように、投資法人の資産運用の範囲は、委託者指図型の投資信託と同じであり、主として有価証券に投資する証券投資法人も、主として不動産に投資する不動産投資法人も組成することができます。

4　不動産投資信託(REIT)

(1) 不動産投資信託とは

　不動産投資信託（REIT：Real Estate Investment Trust）は、平成12年の投信法の改正により設立が可能となった新しいタイプの投資信託です。不動産投資信託は、投資信託財産等の総額の2分の1を超える額を不動産等を主たる投資対象として投資する投資信託のことをいいます。

　この不動産投資法人のうち、会社型の不動産投資信託（投資法人）のスキームは、証券投資法人の場合とほぼ同じであり、投資対象が、主として有価証券か不動産かという点が違う程度です。

Break!

　投信法には、不動産投資信託という定義はありませんが、一般社団法人投資信託協会が定める「不動産投資信託及び不動産投資法人に関する規則」のなかでは、「不動産投信等」とは、「投資信託約款又は投資法人規約において**投資信託財産**又は**投資法人の資産の総額の2分の1を超える額を不動産等及び不動産等を主たる投資対象**とする資産対応型証券等に対する投資として運用することを目的とする旨を規定している投資信託及び投資法人」をいうとされています。

④　投資法人（会社型投資信託）

（2）不動産投資信託の上場制度

　東京証券取引所では、不動産投資信託証券の上場制度を定めており、多くの会社型の不動産投資法人の投資証券が上場し、流動性が確保されています[※5]。

5　インフラ投資信託

（1）インフラ投資信託とは

　インフラ投資信託及びインフラ投資法人（以下「インフラ投信」といいます）は、平成27年7月に導入された新たな投資信託です。

　インフラ投資信託とは、投資信託財産の総額の2分の1を超える額をインフラ資産等に対する投資とする投資信託のことです。

　インフラ投資法人とは、投資法人の資産の総額の2分の1を超える額を、インフラ資産等に対する投資として運用する投資法人をいいます。

Break!

　一般社団法人投資信託協会が定める「インフラ投資信託及びインフラ投資法人に関する規則」のなかでは、「インフラ投資信託」とは、投資信託約款において投資信託財産の総額の2分の1を超える額をインフラ資産等及びインフラ関連資産に対する投資として運用することを目的とする旨を規定している投資信託をいい、「インフラ投資法人」とは、投資法人規約において、投資法人の資産の総額の2分の1を超える額を、インフラ資産等及びインフラ関連資産に対する投資として運用することを目的とする旨を規定している投資法人をいうとされています。

（2）インフラ投資信託の上場制度

　東京証券取引所では、インフラ投資信託証券の上場制度を定めており、太陽光発電、風力発電、地熱発電等再生可能エネルギー発電施設など、多くの会社型の不動産投資法人の投資証券が上場されています[※6]。

※5　日本取引所グループホームページ
　　（http://www.jpx.co.jp/equities/products/reits/issues/index.html）
※6　日本取引所グループホームページ
　　（http://www.jpx.co.jp/equities/products/infrastructure/issues/index.html）

5 遺言信託
（遺言書の作成、保管等）

1 遺言信託の概要

　信託銀行等が取り扱う相続関連業務として、いわゆる「遺言信託」と呼ばれるものがあります。

　遺言信託は、遺言そのものを信託するわけではないのですが、**遺言に関係する相続関連業務**について、広く「遺言信託」と呼ばれています。

　遺言信託においては、一般に、次の2種類の業務があります。

　① **遺言の執行に関する業務**

　　遺言によって遺言執行者と指定され、遺言の効力発生後に遺言の内容を実現するための事務を遂行します。

　② **遺産の整理に関する業務**

　　相続人との委任契約に基づいて遺産の分配、債務の履行等の代理事務を遂行します。

　以下において、それぞれの業務内容をみていきましょう。

2 遺言の執行に関する業務

（1）遺言執行者

　遺言者は、遺言において、一人又は数人の**遺言執行者**を指定し、又はその指定を第三者に委託することができます（民法1006条）。

　遺言の執行に関する業務は、**信託銀行等が遺言執行者**として、**効力の発生した遺言の内容を実現させる**業務をいいます。

　信託銀行等は、遺言執行者に指定されたとしても、遺言書の所在を把握していないと円滑に業務を行うことが困難になりますので、**遺言書の保管（保護預り）**もあわせて行うことが通常です。

⑤　遺言信託（遺言書の作成、保管等）

Break!

　民法上は、未成年者及び破産者以外はだれでも遺言執行者となることができるとされています（民法1009条）。一方、金融機関のうち、金融機関の信託業務の兼営等に関する法律（以下「兼営法」といいます）により認可を得た**信託銀行等**だけが業務として行うことができます（兼営法1条1項4号「財産に関する遺言の執行」）。なお、**地方金融機関等は、信託代理店となる**ことによって、これらの業務を行うことができます（銀行法10条2項8号、兼営法31条）。

（ⅰ）執行できない業務

　遺言の執行業務においては、遺言書に記載されているものをす・べ・て・執行することができるわけではないということに注意が必要です。

　上記のとおり、信託銀行等は、「財産に関する遺言の執行」を行うことができると規定されていますので、**財産に関しない事項、すなわち、認知等に関する事項は執行することができません。**

（ⅱ）遺言内容の検討における注意点

　遺言の執行業務においては、有効かつ適正な遺言書が作成されていることが重要であるため、金融機関としても、依頼者が作成している遺言書の内容を検討したいところです。また、依頼者からも、どのような遺言書を作成すればよいのか相談を受けることが多々あります。

　しかしながら、信託銀行等が法律問題につき相談を受けることは、非弁護士の法律事務の取扱い等の禁止を定めた弁護士法72条に違反する可能性があります。そのため、遺言書の内容について検証を行う場合、また、依頼者からの依頼により、遺言書の内容について検討を行う場合には、**どの範囲で遺言書の検証・検討を行う**ことができるのか、事前に検討を行うことが望ましいでしょう。

（2）遺言執行者就任の際の注意点

　次に、遺言執行者に就任する場合についても、就任を控えることが望ましいと思われる場合もあることに注意が必要です。

たとえば、次のような場合には、就任を控えることが望ましいと思われます。

〔遺言執行者の就任を避けるべき場合〕

❶ 必要な協力が得がたく、紛争が発生する可能性が大きいと思われる場合

例 財産に係る相続人等の利害関係が複雑な場合

❷ 執行が実務上困難であったり、高度な専門的事柄であったり、多額の費用を要する場合

例 財産が各所に散在していたり、取扱いに特殊な知識が必要な場合

❸ 財産の価値・内容の大幅な異動又は関係者の生死等により、遺言の趣旨解釈が難しい場合

3 遺産の整理に関する業務の留意点

遺産の整理に関する業務は、相続の開始後に信託銀行等が**相続人全員から委任を受け**、**受任者として遺産の調査・実態及び分配の手続、債務の履行、相続に伴う納税**等を行う業務をいいます。

この業務を行う際の留意点としては、次のような点があります。

（ⅰ）委任契約の締結

まず、**相続人全員と遺産整理に関する委任契約を締結**することが重要です。

遺産のなかには被相続人の死亡後に分割されずに、共有財産となるものが多々あります（たとえば、不動産等が典型です）。そのため、相続人において意見の対立があった場合、不動産の処分等を行うことができなくなり、遺産の整理に関する業務を円滑に遂行することが困難になる可能性があります。したがって、遺産の整理に関する業務を受任する際には、相続人全員と遺産整理に関する委任契約を締結することが重要です。そして、その

⑤　遺言信託（遺言書の作成、保管等）

際には、契約締結後の業務を円滑にすすめるために、相続人全員のとりまとめ役として、**相続人代表を契約上定めておく**とよいでしょう。

（ⅱ）債権の回収

次に、遺産の整理に関する業務においては、債権の回収に関する業務等が発生する場合があります。

かかる業務についても、これを信託銀行等が行った場合、非弁護士の法律事務の取扱い等の禁止を定めた弁護士法72条に違反する可能性があります。そのため、遺産の整理に関する業務を受任するに際しては、訴訟の提起、強制執行手続の実施等を行う可能性があるのかなどについても検討を行い、**弁護士等に委託をしたほうがよい業務が含まれていないかどうかを検討する**ことが望ましいでしょう。

（ⅲ）税務の申告

税務申告に関しても同様です。

相続が開始された場合には、相続の開始があったことを知った日の翌日から**4カ月以内に所得税**について、被相続人が死亡したことを知った日の翌日から**10カ月以内に相続税**についてそれぞれ申告をすることが必要になります（所得税法125条、相続税法27条）。しかし、かかる申告業務を信託銀行等が行うことはできませんので、相続人が自ら行うか、又は、直接税理士に委任することが必要となることにも注意が必要です。

4　金融機関にとっての相続関係業務の重要性

遺言書の保管・執行件数は年々増加しており、平成29年9月末現在の件数は、12万2,910件（内訳：遺言書の保管のみ6,241件、遺言の執行付き11万6,669件）となっており、平成15年3月末時点の件数（4万63件）の約3倍、平成20年3月末の件数（6万1,644件）の約2倍まで増加しています[7]。高齢者の資産の蓄積や核家族化の進展に伴い、今後も増加することが見込まれます。

特に、地方金融機関においては、**預金の確保**という観点からも、相続関係業務を行うことは重要であると思われます。

　すなわち、自行の預金者であった被相続人は地元において生活をしているものの、相続人は、東京等の大都市で生活をしていたり、全国各地に散らばっていることも少なくありません。その際に、相続人に相続財産が交付された場合、地方金融機関の預金が減少し、相続人が開設しているメガバンクなどに異動されてしまうおそれがあります。

　預金を継続してもらうためにも、遺言書の保管・遺言の執行に係る業務を受任し、預金者に相続が生じる前に、相続人と良好な関係を築いておくことも重要でしょう。

※7　一般社団法人信託協会ホームページ
　　（http://www.shintaku-kyokai.or.jp/archives/013/NR20171219.pdf）

第 **3** 章

信託活用例
（ケース別）

ケース1　障がいのある子どものための信託

ケース2　将来における教育資金を確保する
　　　　　ための自己信託

ケース3　不動産についての信託
　　　　　〜相続税対策〜

ケース4　事業承継としての信託
　　　　　〜後継者対策〜

ケース5　ペットのための信託
　　　　　〜ペット飼育金の保全〜

ケース6　商店街の再生のための信託
　　　　　〜シャッター通りの復活〜

ケース7　地域インフラを整備するための
　　　　　信託社債

ケース1 障がいのある子どものための信託

事例

預金者Xには、障がいのある子どもAが1人います（なお、預金者Xの配偶者は既に死亡しています）。預金者Xは、多額の預金を有するとともに、自宅のほかにも、**賃貸マンションを多数所有**しています。

預金者Xは、自らが死亡したあとに、子どもが預金や不動産を適切に管理することができるのか不安に思っています。特に、子どもに障がいがあるため、子どものことを考え、子どもに不動産等を直接管理させるのではなく、信頼できる叔父に管理をお願いしたいと考えています。

このようなケースで信託を活用することはできないでしょうか。

解説

1 成年後見制度

まず、このような障がいのある子どもの資産を適切に管理する方法としては、**法定後見制度**を利用したり、**任意後見制度**を利用したりすることが考えられます。

すなわち、認知症、知的障がい、精神障がいなどの理由で判断能力が不十分である場合、不動産や預貯金等の財産を管理したり、身のまわりの世話のために介護などのサービスや施設への入所に関する契約を結んだり、遺産分割の協議をしたりする必要があっても、自分でこれらのことをすることが難しい場合があります。また、自分に不利益な契約であってもよく

判断ができずに契約を結んでしまい、悪徳商法の被害に遭うおそれもあります。このような判断能力の不十分な方々を保護し、支援するのが成年後見制度です。

　成年後見制度は、大きく分けると、「**法定後見制度**」と「**任意後見制度**」の２つがあります。

（ⅰ）法定後見制度

　法定後見制度は、「**後見**」「**保佐**」「**補助**」の３つに分かれており、**判断能力の程度**等本人の事情に応じて制度を選択することになります。

〔法定後見制度の概要〕

	後見	保佐	補助
対象者	精神上の障がいにより事理を弁識する能力を欠く常況にある者	精神上の障がいにより事理を弁識する能力が著しく不十分である者	精神上の障がいにより事理を弁識する能力が不十分である者
成年後見人等（成年後見人・保佐人・補助人）の同意が必要な行為		民法13条１項所定の行為 （注2） （注3） （注4）	申立ての範囲内で家庭裁判所が審判で定める「特定の法律行為」（民法13条１項所定の行為の一部） （注1） （注2） （注4）
取消しが可能な行為	日常生活に関する行為以外の行為	同上 （注2） （注3） （注4）	同上 （注2） （注4）
成年後見人等に与えられる代理権の範囲	財産に関するすべての法律行為	申立ての範囲内で家庭裁判所が審判で定める「特定の法律行為」（注1）	同左 （注1）

（注１）　本人以外の者の請求により、保佐人に代理権を与える審判をする場合、本人の同意が必要になります。補助開始の審判や補助人に同意権・代理権を与える審判をする場合も同じです。

（注２）　民法13条１項では、借金、訴訟行為、相続の承認・放棄、新築・改築・増築等の行為が挙げられています。

（注３）　家庭裁判所の審判により、民法13条１項所定の行為以外についても、同意権・取消権の範囲を広げることができます。

（注４）　日常生活に関する行為は除かれます。

出典：法務省ホームページ（一部加工）

（ⅱ）任意後見制度

　任意後見制度は、**本人が十分な判断能力があるうちに**、将来、判断能力が不十分な状態になった場合に備えて、**あらかじめ自らが選んだ代理人**（任意後見人）に、自分の生活、療養看護や財産管理に関する事務について代理権を与える契約（任意後見契約）を公証人の作成する**公正証書**で結んでおくというものです。

　そうすることで、本人の判断能力が低下した後に、任意後見人が、任意後見契約で決めた事務について、家庭裁判所が選任する「任意後見監督人」の監督のもと本人を代理して契約などをすることによって、本人の意思に従った適切な保護・支援をすることが可能になります。

（ⅲ）法定後見制度と任意後見制度の留意点

　法定後見制度を利用するためには、対象者が「精神上の障がいにより事理を弁識する能力を欠く常況にある」という要件を満たす必要があり（民法７条）、すべての障がいのある子どもに利用できるわけではありません。

　一方、任意後見制度については、対象者が「精神上の障がいにより事理を弁識する能力が不十分な状況にある」という要件を満たせばよく、法定後見制度よりも利用できる範囲は広いところです。しかしながら、任意後見制度の場合、本人（任意後見人）に財産管理の権限は残っているため、子どもＡが不適切な財産処分を行ってしまう危険を完全に排除することはできません。

2　信託の活用

　障がいのある子どもの財産を適切するために、次のように信託を活用するという方法があります。

（1）スキームの概要

　　委託者：預金者X
　　受託者：叔父
　　受益者：第1次受益者　預金者X
　　　　　　第2次受益者　子どもA
　　受益者代理人：弁護士等（信託管理人等については1章5節参照）

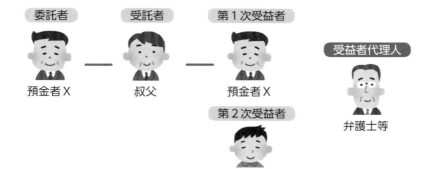

（2）スキームの内容

（ⅰ）信託を活用するメリット

　まず、信託制度を利用した場合、財産の管理処分は、受託者が行うことになります。そのため、**適切な受託者を選任する**ことにより、十分な判断能力を有していない者が不適切な契約を締結するなどし、財産を処分してしまうというリスクを排除することができます。

（ⅱ）信託を活用する場合の注意点

　①受益者代理人

　上記（ⅰ）において説明したとおり、**適切な受託者**に財産の管理処分を

させることにより、受益者の利益を確保することができますが、逆に、受託者による財産管理行為が適切に行われていない場合、受益者にとって損失が生じることになります。

そのため、**受託者が適切に財産を管理処分しているかどうかを監視する役割を担う人を関与させる**ことが重要です。特に、このケースのように、預金者Xの叔父等の親族を受託者にする場合には、専門家ではないことから、当初期待していた管理行為が実施されない可能性もあります。

そこで、受託者が適切に財産を管理処分しているかどうかを監視するために、受益者代理人として、**弁護士等の専門的知識を有する第三者を関与させる**ことが望ましいと考えられます。

②受託者の後継者

また、第2次受益者である子どもAが死亡する前に、受託者である預金者Xの叔父が死亡をしてしまい、財産の管理処分行為を第三者に委託することができなくなってしまう可能性もあります。

そのため、受託者である**預金者Xの叔父が死亡してしまった場合に備え**、受託者の後継者も用意をしておくことも考えられるところです。

③報酬

さらに、その他の留意事項としては、受託者に対する報酬をどのようにするかという問題があります。

このケースのように、親族に受託者となってもらう場合、報酬額をどのようにするのか悩ましいところです。また、親族であるため無償とすることも少なくありません。

しかしながら、適切な財産管理を実施してもらうためには、受託者としての善管注意義務を果たしてもらわなければならず（受託者の注意義務については1章4節参照）、そのためには、一定程度の**報酬を支払うことをためらうべきではない**と考えられます。受託者に対する報酬については、なかなか当事者同士では話をしづらいものです。預金者Xから相談を受けた場合

には、報酬を支払うメリットを説明し、理解をしてもらうように努めることがよいと思われます。

このことは、**受益者代理人についても同様**です。

実際には受益者代理人が積極的に行動をするということはあまり想定されないため、できる限り費用を抑えたいという考え方が生じやすいと思われます。しかし、いざとなった時に財産的損害を最小限に食い止めるために、積極的に受益者のための措置を講じてもらえるようにしておくことも重要です。そこで、受益者代理人に対する報酬については、平常時と非常時の２つの報酬体系を設けるなど、費用を抑えつつも、受益者代理人による監視機能を発揮できるようにすることも望ましいと思われます。

（３）税金について

預金者Ｘが相続税法の特定障がい者に該当する場合、信託会社等を受託者として信託を行うことにより、3,000万円又は6,000万円を限度に贈与税が非課税となる「**特定贈与信託**」という相続税法の特例があります（相続税法21条の4）。

すなわち、特定贈与信託は、特定障がい者（重度の心身障がい者、中軽度の知的障がい者及び障がい等級２級又は３級の精神障がい者等）の方の生活の安定を図ることを目的に、その親族等〔委託者〕が金銭や有価証券等の財産を信託銀行等〔受託者〕に信託するものです。信託銀行等は、信託された財産を管理・運用し、特定障がい者〔受益者〕の方の生活費や医療費として定期的に金銭を交付します[1]。

（４）まとめ

このケースのように、自らの死後において、財産管理能力が高いとはいえないような子どもの財産管理を適切に行うために、信託を活用すること

---

[1] 信託協会パンフレット（「特定贈与信託」）
　　（http://www.shintaku-kyokai.or.jp/data/pdf/data04_01leaftokuzou.pdf）

は有用であると考えられます。

　しかしながら、個人の場合にはどうしても「死亡する」ということを考えなければなりません。そのため、**スキームを組成する場合には、仮に関係当事者が死亡した場合にどのように対応するのか**（受託者が死亡した場合にどうするのか、第2次受益者が死亡した場合にはどうするのかなど）という観点からも、検討を行うことが重要であると思われます。

　また、預金者Xが持っている財産の内容によっても、ふさわしい受託者が変わってくる場合もあります。

　そのため、金融機関が預金者Xから相談を受けた場合には、このような観点を踏まえ、子どもAのためにどのようなスキームを構築することが良いのか検討することがよいでしょう。

≪成年後見制度活用チェックリスト☑≫

☐ 法定後見制度を利用するか（対象者が「精神上の障がいにより事理弁識能力を欠く常況」である）
☐ 任意後見制度を利用するか（対象者が「精神上の障がいにより事理弁識能力が不十分な状況」である）

≪信託活用チェックリスト☑≫

☐ 受託者は適切か
☐ 受託者の財産管理処分に対する監視者（受益者代理人）を置いたか
☐ 受託者死亡に備えて、受託者の後継者を検討したか
☐ 受託者に対して適切な報酬額を設定しているか
☐ 受益者代理人に対して適切な報酬額を設定しているか
☐ 「特定贈与信託」制度に該当するか
☐ 第2次受益者が死亡した場合について検討しているか

column

信託監督人と受益者代理人はどっちを選任すればいいの？

●信託監督人と受益者代理人の権限とは

　信託監督人は、受益者のために自己の名をもって、**受益者が有する受託者を監督するための権利を行使する**ことができます（信託法132条）。

　他方、受益者代理人は、その代理する受益者のために、代理人として、**受益者が有する一切の裁判上又は裁判外の行為をする**ことができます（信託法139条）。

　このように、受益者代理人のほうが信託監督人よりも行使することができる権限の範囲が広くなっています。

●受益者代理人の選択が望ましいケース

　受益者において意思能力に問題がある場合、又は将来、意思能力に問題が生じる可能性が高い場合には、受益者による権利行使を行う機会を確保するために、受益者代理人を選任することが望ましいと思われます。

●信託監督人の選択が望ましいケース

　受益者において意思能力に問題が生じていない場合及び将来においても問題が生じる可能性が低い場合には、受益者本人の意向を尊重しつつ、受託者に対する監督を強化するという観点から、受益者代理人ではなく、信託監督人を選任するほうが望ましいと思われます。

ケース2 将来における教育資金を確保するための自己信託

事例

　預金者Xには、子どもAがいて、その子どもAは、配偶者Bと結婚しています。AとBの間には、子どもCがいます。

　預金者Xは、孫である子どもCの**教育資金**のために、自分の預貯金や年金のなかから**現金を贈与**していきたいと考えています。しかし、子どもが中学生や高校生になった時に、自分名義の多額の預貯金があること知った場合に、浪費をしてしまうのではないかと心配でもあります。

　このようなケースで信託を活用することはできないでしょうか。

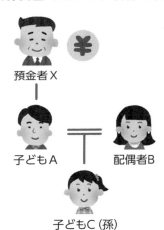

解　説

1　祖父母等から教育資金の一括贈与を受けた場合の贈与税の非課税制度

　祖父母等が孫等の教育資金のために、贈与を行うことについては、**贈与税の非課税制度**があります。

　すなわち、**平成25年4月1日～平成31年3月31日**までの間に、**30歳未満の方**（以下「受贈者」といいます）が、**教育資金**に充てるため、金融機関等との**一定の契約**に基づき、受贈者の**直系尊属（祖父母等）**から①**受益権**を付与された場合、②書面による贈与により取得した**金銭**を銀行等に預入をした場合又は③書面による贈与により取得した金銭等で証券会社等に

おいて**有価証券**を購入した場合（以下「教育資金口座の開設等」といいます）には、受益権又は金銭等の価額のうち**1,500万円**までの金額に相当する部分の価額については、金融機関等の営業所等を経由して教育資金非課税申告書を提出することにより**贈与税が非課税**となります。

その後、受贈者が30歳に達することなどにより、教育資金口座の開設等に係る契約が終了した場合には、非課税拠出額[※2]から教育資金支出額[※3]（学校等以外に支払う金銭については、500万円を限度とします）を控除した残額があるときは、その残額はその契約終了時に贈与があったこととされます。

かかる贈与税の非課税制度を活用することも一つの方法ですが、**当初にまとまったお金を用意**する必要があり、年金のなかから毎月積み立てていき贈与していきたいというニーズには応えることができません。

また、受益者名義の口座に送金されることから、浪費してしまうのではないかという懸念を完全に払しょくすることができません。

2　暦年贈与信託

教育資金の贈与に関しては、「暦年贈与信託」という信託商品[※4]があります。この商品は、一定の金銭を信託し、毎月又は毎年、受益者の口座に送金をするという商品です。預金者Xのニーズを満たすためには、この商品を活用することも考えられるところです。

しかしながら、これらの商品も、**最初に一定額の金銭信託を行う必要が**あるため、やはり、年金のなかから毎月積み立てていき贈与していきたいというニーズに応えることができません。

[※2]　「非課税拠出額」とは、教育資金非課税申告書又は追加教育資金非課税申告書にこの制度の適用を受けるものとして記載された金額の合計額（1,500万円を限度とします）をいいます。

[※3]　「教育資金支出額」とは、金融機関等の営業所等において、教育資金の支払の事実を証する書類（領収書等）により教育資金の支払の事実が確認され、かつ、記録された金額の合計額をいいます。

[※4]　三菱ＵＦＪ信託銀行の「おくるしあわせ」、三井住友信託銀行の「暦年贈与サポート信託」。

また、受益者名義の口座に送金されることから、浪費してしまうのではないかという懸念を完全に払しょくすることができません。

3　自己信託の活用

そこで、預金者Xの目的を達成するために、自己信託を活用することが考えられます。

（1）スキームの概要

　　委託者：預金者X

　　受託者：預金者X（自己信託）

　　受益者：子どもC（孫）

（2）スキームの留意点

（i）追加信託時に公正証書を作成することは必要か

　まず、自己信託を行う場合には、**公正証書**を作成する必要があります。今回のスキームでは、預金者Xが年金を原資として、教育資金としての贈与をしたいという意向を有していますので、**定期的に又は随時、金銭の追加信託を行う**ことが想定されています。

　この追加信託時に、改めて公正証書を作成する必要があるのかどうかが問題となります。この論点については、様々な見解もあるところですが、**当初の自己信託証書のなかに追加信託を行うことができることを明記しておくことにより、都度の公正証書の作成は必要ない**とする見解が有力のようです。

　実際に自己信託を行う場合には、弁護士等の専門家や公証人とも協議を

行い、追加信託時の対応について協議を行うことが望ましいでしょう。

（ⅱ）いつ受益者に信託財産を交付するのか

このスキームでは、どのタイミングで受益者たる子どもC（孫）に信託財産たる金銭を交付するのかということも問題になります。

子どもC（孫）が自由に金銭の交付を請求することができるとすることは好ましくないですから、たとえば、**委託者たる預金者Xの同意**が必要であるとしたり、受益者代理人として両親を選任し、**両親の承諾**がない限り、交付を求めることができないとすることも考えられるところです。

（ⅲ）両親（AとB）をどのように関与させるか

祖父母から孫への教育資金の贈与に関しては、両親も適切に関与させる必要があります。

上記（ⅱ）のとおり、受益者代理人として両親を選任することも考えられますが、祖父母としては、孫への贈与について、あまり積極的に両親に関与してもらいたくないという思いを持っている方も少なくありません。そのため、受益者代理人とまではせずに、信託財産の状況に関する報告書を両親にも送付をし、金額等を把握してもらうにとどめるというやり方も考えられるところです。

家族間にも様々な関係性があります。預金者Xの**家族関係**などにも配慮していくことが望ましいでしょう。

（ⅳ）税務上の対応

自己信託については、**信託設定時点**において、適正な対価を受益者が支払っていない場合には、受益権が受益者に対して**贈与**されたとみなされます。すなわち、預金者Xが信託を設定し、受託者として開設した口座に**入金した時点**で、同額の贈与が行われたと取り扱われます。

ただし、現在の銀行実務において、受託者名義の預金口座を開設することは容易ではないため、受託者として開設した口座の名義は、「受託者X」

ではなく、単に「X」となっている場合が多いかと思います。そのため、外形的にみると、単に預金者Xの口座の移し替えが行われたとみえてしまい、Xから子どもC（孫）に対する贈与を行っていると評価されないリスクがあります。

　したがって、贈与が否定されないために、信託契約を成立させるだけではなく、信託設定時点において、受託者に対して提出が求められる「**信託に関する受益者別調書**」・「**信託に関する受益者別調書合計表**」の提出、贈与税の申告の実施など、税務署への必要な手続を行うことが必要であると思われます。特に、基礎控除の範囲内（年間110万円）での贈与である場合であっても、**ゼロ円の申告を行う**ことで、当事者が贈与であると認識していることを明確にしつつ、また、税務署にもその意思表示をすることが望ましいでしょう。

≪非課税制度活用等チェックリスト☑≫

> □ 贈与税の非課税制度を利用するか
> 　（平成25年4月1日〜平成31年3月31日、教育資金を、直系尊属（祖父母等）から30歳未満の方に一定額の金銭等を贈与する）
> □ 暦年贈与信託を利用するか（一定金額を信託した後、その金銭を定期的に一定の者に送金する）

≪自己信託活用チェックリスト☑≫

> □ 自己信託証書に追加信託可能と明記したか
> □ 受益者にいつ信託財産を交付するか検討したか
> □ 金銭管理のために「委託者の同意」「両親の承諾」等を検討したか
> □ 両親が受益者代理人として適切かを検討したか
> □ 税務上の対応として、信託設定時点に「信託に関する受益者別調書」「信託に関する受益者別調書合計表」等を税務署に提出したか
> □ 税務上の対応として、毎年ゼロ円の贈与税申告を行っているか

ケース3 不動産についての信託 〜相続税対策〜

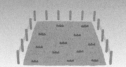

事例

預金者Xは、預金のほかに、自宅及び更地を所有し、子どもが2人（AとB）います（預金者Xの配偶者は既に死亡しています）。

預金者Xは、更地について賃貸マンションを建築することを検討するとともに、子ども2人にできる限りの資産を残すために、**相続税対策**もしたいと考えています。

預金者Xは、自己資金のみでは賃貸マンションを建築することができないため、金融機関から借り入れを受けたいと考えていますが、預金者Xは高齢であることなどから、追加融資を受けることは難しいようです。

このようなケースで信託を活用して相続税の対策をすることはできないでしょうか。

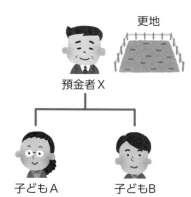

解説

1 不動産を使った相続税対策

このケースにおいては、信託以外の不動産に対する相続税対策として、次の3点が検討できます。

①土地の評価額が下がる可能性

まず、**更地である土地に賃貸マンションを建設した場合**、その土地は、相続税の課税価格を算定する際、「**貸家建付地**」として評価されます。

この「貸家建付地」の評価額は、「更地」の評価額よりも低い場合が多いため、相続税額を低減させることができる場合があります。

また、更地が「**小規模宅地等**」（個人が相続又は遺贈により取得した財産のうち、その相続開始の直前において、被相続人等の事業の用又は居住の用に供されていた宅地等で、一定の面積までの部分）に該当した場合には、相続税の課税価格に算入するべき金額を50％に減額するという特例が定められています（租税特別措置法69条の4第2項）。

②建物の評価額が下がる可能性

相続税の課税価格を算定する際、建物の評価は、固定資産税評価額を基に算定されます。この固定資産税評価額は、新築時の建物価格よりも低額です（6割〜7割程度であるとされています）。そのため、現金を相続するよりも、**建物を建築してから相続**したほうが、相続税額を低減させることができる場合があります。

③借入金を考慮し、相続財産の総額を減額することができる可能性

賃貸マンションの建設資金を金融機関から借り入れた場合、この借入金は、相続財産の総額から差し引くことができます。そのため、相続財産の総額について、借入金分を減額することができる場合があります（国税庁タックスアンサー「No.4126相続財産から控除できる債務」）。

2 信託の活用

では、不動産を使った相続税対策の一環として信託を活用するとどうでしょうか。

このケースでは、預金者Xが借入れをすることができないため、子ども（AとB）の双方又は一方が受託者として不動産を所有し、借入れを受ける必要があります。また、預金者Xの生前中は、不動産からの収益を預金者Xに交付することも必要となります。

そのため、たとえば、次のような信託スキームを組成し、不動産を使っ

た相続税対策を行うことが考えられます。

(1) スキームの概要

　　委託者：預金者Ｘ

　　受託者：子どもＡ（※子どもＡ・Ｂの両者とすることもできます）

　　受益者：第1次受益者 預金者Ｘ

　　　　　　第2次受益者 子どもＡ・子どもＢ

　　信託監督人：弁護士等（信託監督人等については1章5節参照）

　　信託財産：不動産（更地）

(2) スキームの内容

(ⅰ) 受託者（Ａ）の業務

　このスキームにおける受託者（Ａ）の業務には次のことが含まれます。

・賃貸マンションを建設する

・賃貸物件として運営をする

・金融機関からの借入れをする

　　※この「金融機関からの借入れ」債務は、信託法上、「信託財産責任負担債務」（「受託者が信託財産に属する財産をもって履行する責任を負う債務」信託法2条9項）に該当します。

（ⅱ）信託財産責任負担債務に該当する場合の注意点

　信託財産責任負担債務は、①信託財産に加えて受託者の固有財産も責任財産となる場合と、受益債権（受益権。1章5節参照）、限定責任信託（受託者の責任が信託財産に限定される信託）に係る信託債権等のように、②信託財産のみが責任財産となる場合があります。

　このケースのように、受託者（Ａ）が信託事務処理のために金銭の借入れをした場合には、原則として、①信託財産のみならず、受託者の固有財産も責任財産となります。そのため、仮に賃貸マンションの運用がうまくいかず、借入金の返済ができない場合、受託者の固有財産からも返済をしなければならなくなってしまうおそれがあります。

　信託スキームを活用する場合、受託者の固有財産が責任財産となることはないと勘違いをしている方が少なくありませんので、**受託者に対して、信託財産責任負担債務についてきちんと説明をし、正しく理解をしてもらう必要があります。**

（ⅲ）信託財産責任負担債務に該当する場合の対応策

　受託者に対して信託財産責任負担債務の理解を求めたうえで、**受託者（Ａ）の固有財産を責任財産から除外し**、信託スキームを活用しやすくするためには、次の2つの方法をとることが望ましいでしょう。
　a）信託を限定責任信託とする方法
　b）借入債務の債権者（金融機関）と信託財産のみを責任財産とする特約を締結する方法

　以上のように、受託者となる方の経済状況等も踏まえて、どのようなスキームを構築することが最も適しているのか検討することがよいでしょう。

≪不動産チェックリスト☑≫

□ 更地である土地に賃貸マンション等を建設する予定か
□ 賃貸マンション等建設費として金融機関から借り入れる予定か

≪信託活用チェックリスト☑≫

□ 高齢者による借入れ不可を回避するために、不動産の所有者・借入者となる者を選択したか
□ 受託者の固有財産が責任財産となることを説明したか
□ 受託者の固有財産を責任財産から除外する方法を検討したか

ケース4 事業承継としての信託
～後継者対策～

事例

預金者Xは、株式会社Aを設立し、製造業を営んでいます。A社の取締役はXのみであり、株主もXのみです。

XがA社を設立してから既に30年を経過しているところ、A社には、Xが信頼している専務Bがいるものの、Bや第三者に事業を譲渡するのではなく、**子どもYにぜひ会社を継いでほしい**と考えています。

もっとも、子どもYはまだ若く、すぐに代表権を譲ったり、株式を譲渡することは適切ではないとも思っています。

このような場合において、信託を使って、後継者であるYへの事業承継を実現することはできないでしょうか。

預金者X

株式会社A

専務B

子どもY

解説

1　事業譲渡を行う場合の注意点（事業承継のタイミング）

会社の支配権を委譲する時期としては、**経営者が死亡した時**が考えられます。

しかしながら、相続時に支配権の委譲を行った場合、**相続人間でトラブル**になる可能性があり、被相続人である経営者が意図していた者に経営権を委譲できなくなる可能性もあります。また、成長曲線にある会社の場合、年々株価（時価）が上昇していきますので、**膨大な相続税の負担が発生**す

ケース④　事業承継としての信託～後継者対策～

る可能性もあります。

　さらに、突然の相続発生となった場合には、突然後継者が登場することとなり、**後継者の育成に時間を十分に取れていない**ことから、円滑な事業承継が実現できない場合もあります。

　もっとも、早急に株式の譲渡を行い、支配権を委譲してしまうと、必ずしも十分な経営能力が養われていないことにより、会社の存続が危ぶまれてしまう場合もあります。

　このように、①**事業承継については、適切なタイミングに行うこと**が重要であり、また、同時に、②**後継者を育成し、円滑に事業承継を実施すること**が重要となってきます。

2　信託以外の方法による後継者の育成方法（拒否権付種類株式）

　後継者の育成を行いながら、事業承継を実現する方法としては、「**拒否権付種類株式を発行する**」というスキームが考えられます。

　すなわち、株式は、後継者に譲渡する一方で、現経営者に対して、拒否権付種類株式（会社法108条1項8号）を発行するというスキームです。「拒否権付種類株式」とは、株主総会において決議すべき事項について、株主総会決議のみならず、拒否権付種類株式を保有する株主を構成員とする種類株主総会の決議を必要とする株式です。

　このスキームのメリットは、**種類株主である現経営陣の承認がないと意思決定ができない**ことから、**現経営陣が経営に関与しながら、後継者を育成することができる**点です。

　しかしながら、経営権を委譲するため、**現経営者が積極的に業務を行い、そのなかで、後継者を育てるということが難しくなる**というデメリットもあります。また、拒否権付種類株式を発行する場合、定款変更をしたり、登記手続をしたりする必要があるなど、**手続が煩雑である**という点もデメリットの1つです。

3　信託の活用

　そこで、現経営者が経営を行っているという外形を変えることなく、また、積極的に現経営者が業務を行いつつ、後継者を育てるために、信託を活用することが考えられます。

（1）スキームの概要
　　委託者：預金者X
　　受託者：専務B
　　受益者：子どもY（預金者X・子どもYの両名を受益者ともできます）
　　指図権者：預金者X
　　信託財産：預金者Xが保有する株式

（2）スキームの内容
（ⅰ）信託財産（株式の信託）

　事業承継のスキームにおいては、多くの場合に信託財産は株式となります。そこで、株式の信託を行うためには、会社法に基づく手続が必要となります。

　具体的には、次のようなことです。
　・株主名簿の書き換え
　・信託譲渡を行うことについての株主総会等の承認手続（株式が譲渡制限株式である場合）
　・株券の交付（株券発行会社の場合）　など

ケース④　事業承継としての信託〜後継者対策〜

　これらの手続を適切に行うためには、対象会社の**定款**や**登記簿謄本**など
を確認し、必要な手続を行うことが必要となります。

　特に、株券発行会社でありながら、株券が発行されていないケースや、発
行されていたのかいなかったのかはっきりとしないケースは少なくありま
せんので、注意が必要です。

（ⅱ）受託者への制約

①受託者（B）の信託事務の範囲の制限

　本スキームにおいては、株式が、専務Bに移転することになります。そ
のため、まず、専務Bが勝手に株式を処分することがないように**受託者
（B）の信託事務の範囲を制限する**必要があります。

　もっとも、多くの中小企業の場合、譲渡制限株式となっている場合が多
いと思われますので、実際に株式を処分するためには、**株主総会や取締役
会などの承認を経る**必要があり、現経営者や後継者が知らないところで株
式が勝手に処分されるという場面はあまり想定されないところです。

②受託者（B）に対する指図権者の設定

　次に、専務Bは、受託者として、株主としての権利を行使することにな
りますので、株主総会での決議などにおいて、専務Bが自らの判断により
権利行使をするのではなく、現経営者の意向を踏まえて、株主としての権
利を行使するようにすることも重要です。

　そこで、このスキームにおいては、「指図権者」を設けています。この**指
図権者とは、受益者（Y）に代わり、受託者（B）に対して指図をする者**
をいいます。通常は、受益者が自ら指図権を行使しますが、このスキーム
においては、受益者（Y）はまだ修行の身であり、適切な指図をすること
ができない可能性もあります。そこで、現経営者である預金者Xに指図権
を与え、現経営者の意向を踏まえた会社経営が行われるようにすることが
望ましいと考えられます。

（ⅲ）受益者をどのようにするか

　株主としての権利は、大きく分けて、**①自益権**と**②共益権**です。

　共益権とは株主総会における議決権など、権利行使の結果が株主全体の利益につながる権利をいいます。他方、自益権とは、剰余金の配当を受ける権利や残余財産の分配を受ける権利など、株主の権利として、権利行使の結果が当該株主本人の利益だけに関係するものをいいます。

　経営者は、自らの事業経営の結果、利益が上がった場合には、それを配当等の方法により分配を受けることを希望するものです。

　そのため、このスキームにおいても、受益者を後継者のみとするのか、経営者に加え、現経営者も受益者とするのかについては、現経営者がどの程度配当を受けることを欲しているのかなどを考慮して検討することが望ましいでしょう。

≪信託以外の事業譲渡チェックリスト☑≫

□ 相続時の支配権委譲による相続人間のトラブル発生のおそれはないか
□ 多額の相続税への備えを用意しているか
□ 後継者を育成は済ませているか
□ 拒否権付種類株式の発行ができるか
　（経営に関与しながら後継者を育成できるが、手続が煩雑）

≪信託活用チェックリスト☑≫

□ 信託財産（株式）譲渡の手続を会社法に則って行っているか
□ 適切な受託者を選択しているか
□ 受託者の信託事務の範囲を制限しているか
□ 受託者に対する指図権者を設定したか
□ 適切な受益者を選択しているか

ケース5 ペットのための信託 〜ペット飼育金の保全〜

事例

　預金者Xは、一人暮らしをしているところ、犬を1頭飼っており、この犬を家族同然として接しています。

　しかし、自らが高齢ということもあり、**犬よりも先に自分が死んでしまうのではないか**と心配です。

　そこで、近所に住んでいる友人Yに相談をし、自分が先に死んだ場合には、犬を引き取って育ててくれないかと相談したところ、友人Yはこれを快諾してくれました。預金者Xは、犬のエサ代などのために、200万円を用意しており、これを、犬とともに友人Yに渡したいと考えていますが、万が一、友人Yがこのお金を別の目的のために使ったりしないかと心配です。

　なお、預金者Xには、遠方に住んでいる預金者の子どもAがいますが、マンションに住んでおり、マンションの規約上、ペットを飼育することができません。

　このような場合において、信託を使って、**自らの死後、ペットである犬の飼育を継続してもらう**ことはできないでしょうか。

預金者X

子どもA

━━━━━━━━━━━━━　解　説　━━━━━━━━━━━━━

1　目的信託を利用できるか

　犬は、自然人でも法人でもありませんので、信託における受益者となることができません。

　そのため、**犬の利益を図ることを目的とする信託は、「受益者の定めのない信託」**（いわゆる「**目的信託**」といいます）に該当することになります。そこで、今回のケースにおいては、目的信託を設定することが考えられます。

　しかし、**目的信託の受託者**は、法律で定める日までの間、当該信託に関する信託事務を適正に処理することができる財産的基礎及び人的構成を有する者として、信託法施行令3条に定める者に限って、その受託をすることができるとされています。

<u>目的信託の受託者</u>（信託法施行令3条より）

①国、②地方公共団体、③次の要件イ・ロのいずれにも該当する法人

イ）公認会計士又は監査法人の監査により、虚偽、錯誤及び脱漏のないものである旨の証明を受けた、直近の事業年度の終了日における純資産の額（貸借対照表上の資産の額から負債の額を控除して得た額）が5,000万円を超えること

ロ）業務を執行する社員、理事若しくは取締役、執行役、会計参与若しくはその職務を行うべき社員又は監事若しくは監査役（いかなる名称を有する者であるかを問わず、当該法人に対しこれらの者と同等以上の支配力を有するものと認められる者を含む）のうちに、次のいずれかに該当する者がないこと（略）

　つまり、信託会社等であれば、目的信託として、ペットのための信託を受託することは可能ですが、現時点において、目的信託としての受託をしている信託会社等は存在しないようです。

　したがって、法律上は目的信託としてスキームを検討することは可能ですが、実務上の問題として、<u>目的信託として、このケースの預金者Xのニーズを満たすことは難しい</u>と思われます。

86

2　検討される信託活用スキーム

そこで、「ペットのため」ではなく、「**ペットを飼育するための金銭を保全するため**」に信託を設定するということを考えます。

（1）スキームの概要

　　委託者：預金者X
　　受託者：子どもA
　　受益者：第１次受益者　預金者X
　　　　　　第２次受益者　友人Y
　　帰属権利者：動物の保護を目的としている動物愛護団体
　　信託財産：金銭（犬を飼育するための「金銭」）

（2）スキームの内容

（ⅰ）犬の所有権をどのようにするか

　このケースでは、あくまでも信託財産は、犬を飼育するための「金銭」であり、受託者である子どもAは、犬を飼育している受益者（当初は預金者X、預金者Xが死亡したあとは友人Y）に、その飼育代として金銭を交付することが予定されています。

　そのため、信託においては、預金者Xが死亡したときに、**犬の所有権を**

第２次受益者である友人Ｂに承継させることを別途規定しておく必要があると考えられます。

　たとえば、**預金者Ｘが死亡した際に、犬が友人Ｂに遺贈されたという構成をとる**ことが考えられるところです。

（ⅱ）受益者の変更を可能とするか

　このケースでは、友人Ｂが犬を飼育してくれることになっていますが、犬が予想以上の大型化し、**友人Ｂでは飼育できなくなってしまう場合**もあります。

　そのため、受託者において、友人Ｂの飼育の状況を適切に把握し、友人Ｂによる飼育が適切ではないと判断した場合には、**受益者を変更することができるような規定を設ける**ことも考えられるところです。

（ⅲ）信託終了時に残った金銭をどのようにするか

　たとえば、ペットが数カ月で死亡してしまい、**信託財産である金銭が余ってしまう場合**が考えられます。

　この場合に、金銭を受益者である友人Ｂに交付することが適切かどうかについては、慎重な判断が必要であると思われます。たとえば、**帰属権利者として、動物愛護団体を指定し、動物愛護団体への寄付を行う**とすることが、預金者Ｘの意向に沿うこともあると思われます。

　このように、**信託終了時に、金銭をどのようにするのか**という点も、きちんと、委託者である預金者Ｘとしっかり協議をしておくことが重要でしょう。

ケース⑤　ペットのための信託〜ペット飼育金の保全〜

≪信託活用チェックリスト☑≫

- □ 信託財産を「ペットを飼育するための金銭」と設定しているか
- □ 委託者の死亡時にペットの所有権を第2次受益者に承継させることをとしているか
- □ 第2受益者がペット飼育不可となった場合に備えて、受益者を変更できるようにしているか
- □ 信託財産の残りの帰属先を指定しているか

第1章 信託とは

第2章 資産運用における信託の活用とは

第3章 信託活用例（ケース別）

ケース6 商店街の再生のための信託
~シャッター通りの復活~

事例

預金者Xは、商店街で文房具屋を営んでいますが、商店街において廃業する店舗が増えており、いわゆるシャッター通りになりつつあることを不安に感じています。

そこで、商店街の関係者で構成している組合において、この**商店街全体を再生**する方法を提案したいと考えました。

なお、預金者Xは、商店街の土地と建物の一部を所有しています。

商店街の全体を再生する方法として、信託を活用することができないでしょうか。

解　説

1　「地方再生戦略」が示した基本原則

わが国の地方は人口が減少し、その結果、学校、病院など、暮らしを支える施設の利用が不便になるなど、魅力が薄れ、さらに人口が減るという悪循環に陥っています。この構造を断ち切るには、それぞれの地方の状況に応じ、生活の維持や産業の活性化のためには何が必要かを考え、道筋をつけていかなければなりません。

このようななかで、平成19年11月30日には、内閣官房に設置された地域活性化統合事務局を中心に、地方再生のための総合的な戦略として「地方再生戦略」が取りまとめられました。この地方再生戦略では、地方と都市の「共生」を基本理念とし、これを実現するため、次のような**補完性**、**自**

立、**共生**、**総合性**及び**透明性**の五つの原則（地方創生五原則）が掲げられています。

〔地方創生五原則〕

---

① 「補完性」の原則

地域の実情に最も精通した住民、NPO、企業などが中心となり、地方公共団体との連携の下で立案された実現性の高い効果的な計画に対し、国が集中的に支援する。

② 「自立」の原則

地域の資源や知恵をいかして、経済的に、また、社会的に自立に向けて頑張る計画を集中的に支援する。

③ 「共生」の原則

地方と都市とがヒト・モノ・カネの交流・連携を通じて、ともに支え合い、共生を目指す取組を優先的に支援する。

④ 「総合性」の原則

国の支援は、各省庁の縦割りを排し、地域の創意に基づく計画を総合的に支援する。

⑤ 「透明性」の原則

支援の対象とする計画の策定、支援の継続及び計画終了時の評価については、第三者の目を入れて客観的な基準に基づき実施する。

2　商店街全体の再生

このような「地方再生戦略」が示した基本原則を踏まえれば、商店街に店舗を構える各事業者が、自らのことだけを考えて、再建を図っても、商店街全体の再生を図ることは難しいとも思われます。

そのため、**商店街に店舗を構える各事業者が、全体として、地方公共団体と協力**しながら、また、地域経済における役割などを踏まえ、同じ方向を見て、商店街の再生を目指す必要があると思われます。

3 信託の活用

このように商店街全体として、再生（再開発）をするためには、各事業者が有している不動産を一つにまとめ、一体として開発をすることが重要です。

そして、この不動産を取りまとめる方法として、信託を活用することが考えられます。

（1）スキームの概要
委託者：預金者Xを含む商店街における不動産を所有している所有者全員
受託者：信託銀行等
受益者：預金者Xを含む商店街における不動産を所有している所有者全員

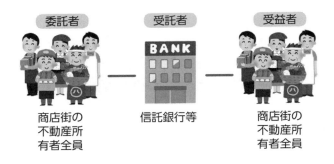

（2）スキームの内容
（ⅰ）受託者の選任について

各自が所有する不動産をまとめて信託し、管理をすることは容易ではありません。また、受益者が多数存在するため、受益者への対応も必要となり、その**業務は複雑**になります。

したがって、受託者について、商店街の構成員を選任することは必ずしも適切ではない場合も少なくなく、**不動産の管理の専門家である信託銀行や信託会社を受託者とする**ことが望ましいでしょう。

（ⅱ）受益者間の意思決定方法について

　商店街の不動産の所有権を持っている方が多数存在する場合、受益者が多数存在することになるため、その意思決定をどのようにするのかを決定する必要があります。

　全員一致を原則としてしまうと、事業（再開発）が進まない可能性が高い一方で、一部の者の意向だけで決定できてしまう項目が多いと、運営方法について不満を募る者も登場し、商店街の再開発が滞りなく進まなくなる可能性があります。

　そのため、**全員一致とする項目、頭数で過半数とする項目、当初所有していた不動産の地積により過半数とする項目などを明確に分類する**ことが重要であると考えられます。

　したがって、受益者間の意思決定については、別途内部の規約を作成するなどして、意思決定方法を明確にしておきましょう。

≪信託活用チェックリスト☑≫

☐ 商店街の各事業者が有している不動産を一つにまとめ、一体として開発をすることができるか（各事業者の同意を得られるか）
☐ 受託者を不動産の管理の専門家等に設定しているか
☐ 受益者の意思決定方法を明確にしているか（内部の規約を作成しているか）

ケース7 地域インフラを整備するための信託社債

事例

預金者Xは、株式会社であるところ、ある地方公共団体において、地域インフラとして、科学館を整備したいと考えており、その資金調達の方法を考えています。特に、資金調達については、科学館を利用する地元の住民など多くの住民からの出資を募っていきたいと考えています。

このように、多くの投資家（住民等）から資金を集める方法として、信託を活用することができないでしょうか。

解説

1 多くの投資家から投資を募る方法

（1）集団投資スキーム

あるプロジェクトを実施する場合において、そのプロジェクトにおける資産のみを責任財産として、その資金を集める方法としては様々な方法があります。

たとえば、**匿名組合を組成**し、多くの投資家から匿名組合出資を募り、その出資金をもとに、プロジェクトを遂行することが考えられます。いわゆる集団投資スキームといわれる方法です。ただし、**集団投資スキームを活**用する場合、金融商品取引法に基づく第二種金融商品取引業のライセンスを取得する必要が生じ得ますし、また、営業者が科学館についての不動産の所有権を取得する場合、不動産特定共同事業法に基づく許可を取得する必要が生じますので、**法規制や許認可の要否について注意**が必要です（な

お、不動産特定共同事業法に基づく許認可は、昨今、小規模不動産特定共同事業に関する制度が新設され、一部規制緩和は進んでいますが、基本的には、非常にハードルが高いと考えられていますので、特に注意が必要です）。

（2）クラウドファンディング

また、別の方法としては、「**クラウドファンディング**」を利用することも考えられます。クラウドファンディングには、様々な形態（売買型、寄付型、投資型等）がありますが、法規制がかからないものとして、**寄付型**を活用することが考えられます。

クラウドファンディングとは、**不特定多数の投資家**が、**インターネット**上のプラットフォームを通じて、出資等を募っている事業者が行う特定の事業に対して、**出資等の資金の拠出**を行い、その形態によって、配当などを受け取るものをいいます。このうち、寄付型のクラウドファンディングとは、たとえば、個人や事業者が寄付を募り、寄付者向けにニュースレターや記念品などを送付するなどの形態があります。この寄付型のクラウドファンディングは、贈与契約を締結しているものであり、特段の法規制はかからないものと考えられています。

今回のケースにおいても、たとえば、科学館の建設費用を寄付型のクラウドファンディングにて募り、寄付者に対しては、定期的に科学館の運用状況やイベント情報などを記載したニュースレターを配布するとともに、その寄付額に応じて、入館券を配布したり、特別イベントに招待したり、科学館に寄付者として名前を掲載したりすることが考えられます。

この寄付型のクラウドファンディングは、事業者が地方公共団体の場合などには、所得税や住民税の控除（いわゆる寄付控除）を受けられる場合もあり、寄付をするメリットを感じる方も多く、広く資金を集めることに適しているといえます。特に、昨今では、**ふるさと納税**という制度が広く知れ渡っていますので、この寄付型のクラウドファンディングを活用することは一つの手法として考えられるところです。

しかし、寄付型の場合、毎年配当という形で金員を交付することができ
ませんので、配当の交付を期待する投資家のニーズに応えることは困難で
す。また、寄付型のクラウドファンディングは、これまでのところ、数百万
円から多いもので数千万円程度の事業資金を有する場合に活用されており、
科学館のように、数億円規模の資金の調達には向いていない可能性もあり
ます。また、法人の投資家からの資金拠出を受けることも困難であるとい
う点もデメリットと考えられます。

　そこで、別の方法として考えられるものが「信託社債」を発行するとい
う方法です。

2　信託社債とは

（1）信託社債の発行手続

　信託社債とは、信託の受託者が、信託財産のために発行する社債をいい
ます（会社法施行規則2条3項17号）。

　信託社債も会社法上の社債の一種であるため、信託社債の発行手続につ
いては、原則として、**会社法の社債発行手続と同様の手続を行う必要があ**
ります。しかし、「信託」という特質から、次のように通常の社債の発行手
続と異なる点もあります。

　取締役会設置会社の場合、募集社債の総額の上限その他の社債を引き受
ける者の募集に関する重要な事項については、取締役に委任できず、取締
役会において決定する必要があります。この点、信託社債も基本的には同
様ですが、例外として、**責任財産が信託財産に限定されている信託社債に**
ついては、募集社債に関する事項の決定を取締役に委任する旨を取締役会
で決議すれば、社債を引き受ける者の募集に関する重要な事項についても、
委任を受けた取締役が決定できるとされています（会社法施行規則99条2項）。

（2）特定有価証券としての業規制

　また、信託社債については、業規制についても注意をする必要がありま

す。

　すなわち、信託社債は、金融商品取引法上「**有価証券**」とされ（金融商品取引法2条1項5号・2項前段）、また、資産金融型の有価証券として、「**特定有価証券**」に該当します。そのため、信託社債の取得勧誘が、「有価証券の私募」（金融商品取引法2条3項）として行われる場合以外の場合、すなわち、「有価証券の募集」（公募）として行われる場合には、有価証券届出書（金融商品取引法4条1項)等の**開示規制に服する**ことになることには注意が必要です。

3　信託社債のメリット

　上記のとおり、信託社債は、「社債」の一種であるため、多くの投資家から資金を調達する方法に優れていると考えられています。また、多くの投資家から資金を調達する方法としては、匿名組合契約などの集団投資スキームを利用することも考えられますが、信託法に基づく**倒産隔離機能**を有している点において、信託社債は、集団投資スキームよりも利点があると考えられます。

4　信託の活用

　それでは、信託社債のスキームを考えていきましょう。

（1）スキームの概要

　委託者：預金者X

　受託者：信託銀行等

　受益者：預金者X

　信託財産：科学館に関する不動産（土地・建物）

　社債権者：投資家（科学館を利用する地元の住民など）

　社債管理会社：証券会社、信託銀行等

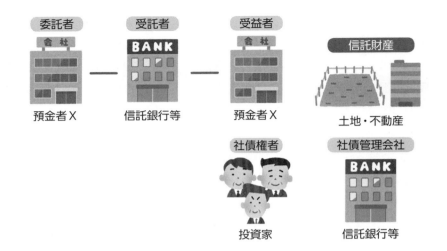

(2) スキームの内容
(ⅰ) 受託者の選任について

　受託者については、民事信託の観点から、科学館の運営主体が受託者となったり、自己信託を活用することも考えられるところです。

　しかしながら、信託社債を発行し、多数の投資家を募った場合、投資家に対する元利金の支払等、社債の管理事務は膨大なものとなることが考えられます。

　そのため、科学館の運営主体がその運営に集中でき、より有効な活用を実現し、収益を上げるためにも、受託者については、社債の管理業務に多くの経験を有する**信託銀行等**を選任することが望ましいでしょう。

(ⅱ) 社債管理会社の設置について

　信託社債の場合には、これまでには登場しなかった、**社債管理会社**というプレイヤーが登場する場合があります。

　社債管理会社とは、**社債権者のために、社債の元利金の償還金を受領したり、社債権者に代わって、社債権者としての権利を行使する会社**をいいます。

　信託社債の場合、社債権者が多数となることが想定されますので、それ

ぞれの社債権者が、別々に権利を行使したりしてしまっては、発行会社である受託者としては、円滑な信託社債の管理等を行うことが困難になってしまいます。

そこで、社債管理会社は、社債権者のために**公平かつ誠実に**社債の管理を行い、**円滑な信託社債の償還等を実現**するために設定されます。なお、社債管理会社は、一定の場合には、その設置が不要とされていますが（会社法702条、会社法施行規則169条）、社債権者の権利の保護という観点からは、投資家に個人投資家が多数存在することが見込まれる場合には、法令上、その設置が義務づけられていない場合であっても、設置することを検討することが望ましいと思われます。

≪信託活用チェックリスト☑≫

□ 受益者は社債管理業務を多く経験している信託銀行等か
□ 債管理者の設置を検討したか

おわりに

　本書を読み終えて、「信託」が**新しい資産活用の方法**となると思っていただけたでしょうか。

　第1章においては、「信託」を一つの資産運用の方法として知っていただきたく、基本的な仕組みを簡潔に説明しました。ここに記載した信託における基本的な知識をもとにして、より深い知識を得ることにより、お客さまに対しても、さらに丁寧な説明ができるようになると思いますので、**一般社団法人信託協会**等が提供している情報を活用し、信託についての理解を深めてください。

　第2章においては、現在既に存在する信託を利用した商品についての説明をしました。証券投資信託等の身近な資産活用制度を「信託」という観点からあらためて理解することで、資産活用としての「信託」制度がより身近に感じるようになったと思います。

　第3章において、**相続、事業承継**など様々な観点から、信託を活用した新たなスキームの活用例を取り上げました。第2章において紹介した信託のスキームがいわば基本的なスキーム、第3章において紹介した信託のスキームが応用的なスキームといえるでしょう。まずは、基本的なスキームについての理解を深めつつ、個々の資産や生活スタイルに応じた、新たな応用的なスキームについてもぜひ理解を深めていただければと思います。

　本書で取り上げたこと以上に、既に、投資信託、遺言信託などの信託を活用した商品がありますが、既存の商品だけではなく、信託にはまだまだ可能性があり、様々な信託を活用した商品の登場が期待されています。そのため、ぜひ、本書を手に取ったみなさまにおいては、自らのためにも、お客さまのためにも、**信託を利用した資産運用、事業承継**等を活用していただきたいと思います。

100

お客さまのニーズは様々であり、十人十色です。また、単に信託を活用するといっても、**当事者の利害関係をしっかりと把握**し、信託契約等において整理をし、明確にしていくことが必要です。さらには、税務・会計面にも配慮をしなければ、思わぬ落とし穴があり、当初の目的を達成することができなくなってしまうおそれがあります。そのため、信託を活用した商品を提供したり、信託を利用するにあたっては、これまでも信託に関する様々な情報を発信している一般社団法人信託協会の情報を活用しつつ、弁護士、会計士、税理士、司法書士等の**専門家をうまく活用していくこと**が重要です。

　都市銀行のみならず、地域金融機関においても、信託を活用した商品の開発が進んでいます。ぜひ、本書を取ったみなさまが、信託を活用し、豊かな人生を送られることを祈念しています。

【著者紹介】

清水 将博 (しみず　まさひろ)

武智総合法律事務所　パートナー弁護士

2003年　　中央大学法学部法律学科卒業
2004年　　司法試験合格
2006年　　司法研修所修了（59期）、弁護士登録
　　　　　　片岡総合法律事務所入所
2011年　　武智総合法律事務所開設
2017年　　武智総合法律事務所パートナー就任

●公職等

2014年4月〜2015年3月　東京都知的財産総合センター相談員
2015年〜　東京弁護士会公益通報者保護特別委員会委員
2015年〜　東京弁護士会紛争解決センター運営委員会委員
2016年〜　経営革新等支援機関に認定
2017年〜　不動産ビジネス専門家登録（一般社団法人不動産ビジネス専門家協会）

●主著等

『信託法の要点』（青林書院、2012）共編、「内部通報制度ガイドラインの改正と金融機関への影響」（金融法務事情、2017）論文、「民泊新法で「民泊」はどう変わるか」（KINZAI Financial Plan、2017）共同論文、『2017年度国家資格貸金業務取扱主任者資格試験受験教本』（きんざい、2017）共著、『FinTech法務ガイド』（商事法務、2017）共著、『ここがポイント 事業者の内部通報トラブル』（法律情報出版、2016）共著

資産を遺す　信託活用ハンドブック
～あなたのお金の新しい遺し方～

2018 年　5 月 28 日　初版第 1 刷発行

著　者　　**清　水　将　博**

発行者　　**酒　井　敬　男**

発行所　㈱式会社**ビジネス教育出版社**

〒102-0074　東京都千代田区九段南 4 - 7 - 13
TEL 03（3221）5361（代表）／FAX 03（3222）7878
E-mail▶info@bks.co.jp URL▶https://www.bks.co.jp

印刷・製本／三美印刷　　装丁・本文デザイン・DTP ／㈲エルグ
落丁・乱丁はお取り替えします。

ISBN978-4-8283-0714-5

本書のコピー、スキャン、デジタル化等の無断複写は、著作権法
上での例外を除き禁じられています。購入者以外の第三者による
本書のいかなる電子複製も一切認められておりません。